Zelfstandig studeren in probleemgestuurd onderwijs

Zelfstandig studeren in probleemgestuurd onderwijs

R.A.M. Heijne

Bohn Stafleu van Loghum
Houten 2005

© 2005 Bohn Stafleu van Loghum, Houten
Alle rechten voorbehouden. Niets uit deze uitgave mag worden verveelvoudigd, opgeslagen in een geautomatiseerd gegevensbestand, of openbaar gemaakt, in enige vorm of op enige wijze, hetzij elektronisch, mechanisch, door fotokopieën, opnamen, of enig andere manier, zonder voorafgaande schriftelijke toestemming van de uitgever.
Voor zover het maken van kopieën uit deze uitgave is toegestaan op grond van artikel 16b Auteurswet 1912 j° het Besluit van 20 juni 1974, Stb. 351, zoals gewijzigd bij Besluit van 23 augustus 1985, Stb. 471 en artikel 17 Auteurswet 1912, dient men de daarvoor wettelijk verschuldigde vergoedingen te voldoen aan de Stichting Reprorecht (Postbus 3051, 2130 KB Hoofddorp). Voor het overnemen van (een) gedeelte(n) uit deze uitgave in bloemlezingen, readers en andere compilatiewerken (artikel 16 Auteurswet 1912) dient men zich tot de uitgever te wenden.

ISBN-10: 90 313 4349 8
ISBN-13: 978 90 313 4349 2
NUR 841

Vormgeving omslag en binnenwerk: Studio Bassa, Culemborg

Eerste druk 2005
Eerste druk, tweede oplage 2007

Dit boek is in een eerdere versie verschenen onder de titel *Het proces van probleemgestuurd leren. Een handleiding bij de 7-sprong*

Bohn Stafleu van Loghum
Het Spoor 2
Postbus 246
3990 GA Houten

www.bsl.nl

Inhoud

Voorwoord		IX
Inleiding		XI
1	**Probleemgestuurd onderwijs**	**1**
1.1	Het ontstaan van probleemgestuurd onderwijs	1
1.2	Kenmerken van probleemgestuurd onderwijs	2
1.2.1	Studentgecentreerd	3
1.2.2	Beroepsgeoriënteerd	3
1.2.3	Zelfstandigheid	4
1.2.4	Verantwoordelijkheid	5
1.2.5	Visie op leren	5
1.2.6	Visie op doceren	7
1.2.7	Neerslag in eindtermen	8
1.2.8	Het probleemgestuurde curriculum	10
2	**De methodiek van de onderwijsgroep: de 7-sprong**	**13**
2.1	De onderwijsgroep aan het begin van de opleiding	13
2.2	De 7-sprong	15
	Deel 1 De voorbereiding, stap 1 tot en met 5	15
	Stap 1 Verduidelijken van de tekst en verklaren van onduidelijke woorden	15
	Stap 2 Bepalen van de aard van de taak en het definiëren van het probleem	16
	Stap 3 Analyseren van het probleem	18
	Stap 4 Toetsen en systematisch ordenen van wat in fase 3 naar voren is gebracht	20
	Stap 5 Formuleren van leerdoelen	22
	Deel 2 Zelfstudie: stap 6	23
	Deel 3 De nabespreking: stap 7	25

3	**De praktijk van de 7-sprong**		**27**
3.1	De rollen van de studenten en de docent		27
3.1.1	De voorzitter		27
3.1.2	De notulist		28
3.1.3	De tutor		28
3.1.4	De overige leden		29
3.2	De procedure van de 7 stappen		29
	Deel 1 De voorbereiding: stap 1 tot en met 5		30
	Stap 1 Verduidelijken van de tekst en verklaren van moeilijke woorden		30
	Stap 2 Bepalen van de aard van de taak en het definiëren van het probleem		31
	Stap 3 Analyseren van het probleem		33
	Stap 4 Toetsen en systematisch ordenen van wat in fase 3 naar voren is gebracht		34
	Stap 5 Formuleren van leerdoelen		35
	Deel 2 Zelfstudie: stap 6		36
	Deel 3 De nabespreking: stap 7		36
	Doel van de nabespreking		36
	De rollen van de student en de docent bij de nabespreking		38
3.3	Leren in een leerklimaat		38
3.3.1	Het juiste leerklimaat		39
3.3.2	Evaluatie		41
3.3.3	De opening van het blok		43
4	**Soorten taken**		**45**
4.1	Waarom zijn er verschillende soorten taken?		45
4.2	De verschillende soorten taken en de consequenties voor de 7-sprong		48
4.2.1	Verklaringstaak		48
4.2.2	Studietaak		50
4.2.3	Discussietaak		54
4.2.4	Strategietaak		57
4.2.5	Casus		58
5	**De 7-sprong voor 'gevorderden'**		**63**
5.1	De verschraling van de 7-sprong		63
5.2	De 7-sprong als stap op weg naar professioneel werken		65
5.3	Het activeren en uitbreiden van voorkennis		67
5.4	De rol van de tutor		68
6	**Overige contactactiviteiten**		**69**
6.1	Het vaardighedenonderwijs of practicum		70

	6.1.1	De voorbereiding op de bijeenkomst van de vaardigheidsgroep	70
	6.1.2	De bijeenkomst van de vaardigheidsgroep	71
	6.1.3	Het zelfstandig oefenen na afloop van de bijeenkomst van de vaardigheidsgroep	71
	6.2	Colleges	72
	6.2.1	Inleidende colleges	72
	6.2.2	Responsiecolleges	73
	6.2.3	Gastcolleges	73
	6.2.4	Actieve betrokkenheid bij de colleges	74
	6.3	Andere contactactiviteiten	74
7	**Binnenschools leren: zelfstandig studeren**		**77**
	7.1	Inleiding	77
	7.2	Wat is 'zelfstandig studeren'?	77
	7.2.1	Planning	78
	7.2.2	Van leerdoelen naar leermateriaal: zoeken en selectie	79
	7.2.3	Bestuderen van leermateriaal	80
	7.3	Overig materiaal	83
	7.3.1	Internet	83
	7.3.2	Audiovisueel materiaal	84
8	**Schriftelijke opdrachten**		**85**
	8.1	Stappenplan voor het maken van schriftelijke opdrachten	86
	8.1.1	Lezen van de opdracht	86
	8.1.2	Plannen	86
	8.1.3	Bepalen van de structuur van het werkstuk	87
	8.1.4	Verzamelen en verwerken van informatie	87
	8.1.5	Bepalen van de structuur van de onderdelen (hoofdstukken)	88
	8.1.6	Uitschrijven van de (concept)tekst	88
	8.1.7	Afwerken van de tekst	88
	8.1.8	De literatuurlijst	89
	8.1.9	De typografie	90
	8.2	Groepsopdrachten	90
	8.2.1	De voorbereiding	91
	8.2.2	Zelfstandig werken	92
	8.2.3	Nabespreking	92
	8.2.4	Evaluatie	92
9	**Buitenschools leren**		**95**
	9.1	Contacten met instellingen of bedrijven	95
	9.2	Stages	97
	9.2.1	Doelen stellen	97

	9.2.2	Oriënteren en plannen	97
	9.2.3	Uitvoeren van leeractiviteiten	98
	9.2.4	Zelfsturend leren en verslag	98
	9.2.5	Evalueren	99
	9.3	Studeren in het buitenland	99
10	**Toetsing**		**101**
	10.1	Verklaring van begrippen	101
	10.2	Doel van toetsing	102
	10.3	Wie beoordeelt?	103
	10.4	Vormen van toetsing	104
	10.5	Een actieve benadering van de theorietoets	107

Tot slot   **113**

Literatuur   **115**

Over de auteur   **117**

Voorwoord

In de afgelopen vijftien jaar hebben uiteenlopende opleidingen in het hbo onderwijskundige vernieuwingen doorgemaakt. Het grootste deel koos voor een of andere vorm van studentgecentreerd onderwijs. Met name probleemgestuurd onderwijs was een favoriete optie. Na een enthousiast begin bleek echter dat niet alle verwachtingen uitkwamen. Men constateerde bijvoorbeeld dat studenten de bijeenkomsten van de onderwijsgroep niet altijd even zinvol vonden. De zelfstandigheid van de studenten bleef onder het verwachtingspatroon.

Ook de Hogeschool Zuyd heeft – nadat in 1992 de eerste opleiding gestart was met een probleemgestuurd curriculum – op dat gebied ervaring. Terwijl de meeste docenten ervan overtuigd waren dat met de overstap naar een probleemgestuurd curriculum een goede keuze was gemaakt, zagen ze in het gedrag van de studenten hun verwachtingen niet volledig beantwoord. Na een grondige analyse kwam men tot de conclusie dat de studenten niet alleen duidelijk gemaakt moest worden wat van hen verwacht werd in een onderwijsgroep, maar vooral: *waarom* dat van hen verwacht werd. Men stond voor de noodzaak om studenten nog duidelijker te maken, waarom allerlei activiteiten van hen gevraagd werden en wat voor hen het nut ervan was.

Om de achtergronden van probleemgestuurd onderwijs te verduidelijken hebben we enkele hand-outs geschreven. Deze hand-outs namen in omvang toe en werden vervolgens uitgewerkt tot een publicatie: *Het proces van probleemgestuurd leren, een handleiding bij de 7-sprong*. Het boekje werd eerst een paar jaar als interne publicatie gebruikt bij opleidingen van de Hogeschool Zuyd. In 2000 verscheen het onder dezelfde titel bij Bohn Stafleu van Loghum en vond het zijn weg ook buiten de Hogeschool Zuyd.

Zoals de ondertitel aangaf lag het accent bij de 7-sprong, de methode die in de onderwijsgroep wordt toegepast.

Inmiddels zijn we vijf jaar en vele veranderingen in het onderwijs verder. In de afgelopen periode zijn tal van discussies over probleemgestuurd onderwijs gevoerd, die geleid hebben tot allerlei veranderingen en modificaties. In deze handleiding heb ik geprobeerd met deze veranderingen rekening te houden. Vandaar dat dit boekje er duidelijk anders uitziet dan de vorige versie.

Ik noem de belangrijkste verschillen.

– Probleemgestuurd onderwijs wordt nog duidelijker gepresenteerd als een vorm van studentgecentreerd onderwijs, die kan *samengaan met andere werkvormen* van studentgecentreerd onderwijs, bijvoorbeeld met werkvormen die ontleend zijn aan projectonderwijs.
– We besteden meer aandacht aan de *uitgangspunten* van probleemgestuurd leren. We willen duidelijk maken, hoe deze uitgangspunten op allerlei wijzen meespelen in het onderwijs en in de activiteiten die de studenten daarin ontplooien.
– De *doelgroep* is de hbo-student aan het begin van de opleiding. Veel opleidingen bieden in het begin werkvormen aan die geïnspireerd zijn op probleemgestuurd onderwijs. Naarmate de studenten verder in het curriculum komen en de opdrachten in omvang toenemen, krijgen zij te maken met andere, uitvoeriger en specifieker op het beroep toegesneden werkvormen. Deze specifieke werkvormen behandelen we niet. Wel hebben we aangegeven hoe de studenten in de loop van hun opleiding de 7-sprong verder kunnen aanpassen en ontwikkelen.
– Bij de behandeling van de 7-sprong leggen we meer dan in de eerdere uitgave de nadruk op de noodzaak deze methodiek aan te passen aan de aard van de taak. We gaan uitvoeriger in op de verschillende typen taken, de redenen waarom er verschillende typen taken zijn en wat die verschillen betekenen voor de praktische gang van zaken in de onderwijsgroep.
– Naast de methodiek van de onderwijsgroep besteden we ook aandacht aan andere activiteiten die studenten vanaf het begin van hun opleiding in het binnen- en buitenschoolse traject, uitvoeren.

We hopen dat deze nieuwe versie voor nog meer opleidingen van nut kan zijn en dat deze versie de studenten helpt bij het vinden van hun weg in het begin van hun hogere beroepsopleiding.

Nijmegen, 2005
Rien Heijne

Inleiding

Het is eind augustus, buiten schijnt de zon en binnen zitten een stuk of tien jonge mensen bij elkaar. De een quasi ontspannen, de ander wat duidelijker zenuwachtig, allemaal in afwachting van de eerste onderwijsgroep die op het punt staat te beginnen. Ze zijn langs verschillende wegen hier terechtgekomen. De meesten komen rechtstreeks van de middelbare school, het merendeel hiervan komt van de havo, sommigen komen van het vwo en weer anderen zijn ingestroomd via het mbo. Verschillende wegen, verschillende gezichten, verschillende verwachtingen, maar één ding hebben ze gemeen: ze staan allemaal aan het begin van een nieuwe opleiding, waarvan ze nog niet precies weten, wat die hen zal brengen. Dat gaat veranderen op het moment dat de eerste bijeenkomst begint.

Als het goed is komt deze situatie je min of meer bekend voor: de eerste bijeenkomst van de onderwijsgroep in je eerste jaar van het hoger beroepsonderwijs. Dat roept bij velen wat tegenstrijdige gevoelens op, zo'n kleine groep is niet alleen maar 'studentvriendelijk'. Er zit ook een andere kant aan: je kunt je niet verstoppen. Of je wilt of niet, je moet wel mee doen. Het blijft niet bij deze impliciete boodschap. Je krijgt heel uitdrukkelijk te verstaan wat men hier van jou verwacht, namelijk actief participeren, initiatieven ontplooien, zelf verantwoordelijk zijn voor je leerproces. Dit alles omdat de opleiding van je keuze op enig moment 'studentgecentreerd' is geworden en de overstap heeft gemaakt naar 'probleemgestuurd onderwijs'.

Voor de meeste studenten is dit een nieuw geluid. Ze voelen aan dat er iets bijzonders van hen verwacht wordt, maar de vraag is: wat wordt er precies verwacht? In dit boekje probeer ik deze en andere vragen die te maken hebben met studentgecentreerd en probleemgestuurd onderwijs, te beantwoorden. Dit boekje is een handleiding voor studenten, die in het hoger beroepsonderwijs geconfronteerd worden met allerlei vormen van probleemgestuurd en studentgecentreerd onderwijs.

In het eerste hoofdstuk ga ik in op de vraag wat probleemgestuurd onderwijs is en wat de consequenties zijn voor de student. Ik probeer duidelijk te maken dat probleemgestuurd onderwijs studenten in de gelegenheid stelt om zelf verantwoordelijkheid te dragen voor hun studie. De verantwoordelijkheid van de student voor zijn studie is niet zo maar een extratje, maar is wezenlijk aanwezig in de onderwijsfilosofie die ten grondslag ligt aan probleemgestuurd onderwijs.

De uitgangspunten van probleemgestuurd onderwijs bepalen het *hele* onderwijsprogramma en *alle* activiteiten, die je als student onderneemt. We laten dus in dit boekje alle elementen van het onderwijs de revue passeren. We besteden aandacht aan het werken in de onderwijsgroep, een activiteit die traditioneel tot de kern van probleemgestuurd onderwijs wordt gerekend. Ook besteden we aandacht aan andere binnenschoolse activiteiten en werkvormen waarmee een student in het begin van de opleiding wordt geconfronteerd. In een van de laatste hoofdstukken besteden we kort aandacht aan het 'buitenschoolse' leren.

Alle activiteiten – zowel binnen- als buitenschools – worden getoetst, vandaar dat we ook ingaan op het onderwerp toetsing.

Deze handleiding is bedoeld voor eerstejaarsstudenten in allerlei opleidingen van het hoger beroepsonderwijs. Daarom heb ik in het register allerlei synoniemen opgenomen; op die manier probeer ik zo veel mogelijk aan te sluiten bij de terminologie van de verschillende opleidingen.

Het doel van deze handleiding is dat jij, nu je begint met een hogere beroepsopleiding, goed je weg weet te vinden in probleemgestuurd en in andere vormen van studentgecentreerd onderwijs. De ervaring van de afgelopen jaren heeft geleerd, dat een goede start heel belangrijk is en zijn vruchten afwerpt in de rest van het curriculum. Het is van doorslaggevend belang, dat je bij alle activiteiten ziet hoe je zelf verantwoordelijkheid kan dragen en hoe je activiteiten bijdragen aan de ontwikkeling van je vaardigheid om zelfstandig te studeren.

Ik hoop te laten zien hoe je wat je op de ene plaats – bijvoorbeeld in de onderwijsgroep – hebt geleerd, kunt gebruiken in een andere situatie. Het is van belang dat je de kernelementen van het zelfstandig studeren herkent en leert hoe je die in wisselende situaties kunt toepassen. Op die manier ontwikkel je je van de leek die je aan het begin van je opleiding bent, tot de beginnende professional die aan het eind van de opleiding over de vereiste competenties beschikt.

1 Probleemgestuurd onderwijs

1.1 Het ontstaan van probleemgestuurd onderwijs

Waarom probleemgestuurd onderwijs?
Vanaf de jaren tachtig van de vorige eeuw heeft het hoger beroepsonderwijs grote veranderingen doorgemaakt. Voor die tijd waren veel opleidingen ondergebracht in kleine afzonderlijke scholen of academies. Vanaf die tijd zijn veel van die opleidingen samengevoegd en hebben zich ontwikkeld tot hogescholen. In eerste instantie vaak op lokaal niveau en daarna op regionaal niveau. Deze ontwikkeling ging steeds verder tot de huidige situatie, waarin we te maken hebben met grote onderwijsorganisaties met vele duizenden studenten.

In diezelfde tijd heeft ook het onderwijs allerlei ontwikkelingen doorgemaakt. Hierbij zijn voor ons twee tendensen interessant, opleidingen sluiten namelijk steeds meer aan bij de beroepspraktijk en gaan meer uit van de mogelijkheden van de studenten. Om deze doelen te realiseren hebben veel hbo-opleidingen hun opleidingsprogramma omgevormd en een of andere vorm van probleemgestuurd onderwijs ontwikkeld.

<small>ontwikkelingen in het onderwijs</small>

Wanneer is probleemgestuurd onderwijs ontstaan?
In de jaren zeventig werd in Maastricht een nieuwe universiteit opgericht. De bedoeling van de oprichters van die universiteit was niet om alleen maar een extra universiteit op te richten naast de vele, die er al waren. Men wilde echt iets nieuws neerzetten, zowel wat betreft de inhoud van het onderwijsprogramma, als de didactiek en methodiek. Mede op basis van contacten met universiteiten in Canada en in de Verenigde Staten heeft men toen een vorm van probleemgestuurd onderwijs ontwikkeld, een systeem dat inmiddels bijna over de hele wereld bekend is als 'Het Maastrichtse model'.

Veel hbo-opleidingen in Nederland zijn schatplichtig aan dat model. Ze hebben zich laten inspireren, leiden en begeleiden door mensen die zijn verbonden aan de Universiteit van Maastricht. Dat wil niet zeggen dat de probleemgestuurde onderwijsprogramma's van hbo-opleidingen eenvoudigweg een kopie zijn van de Universiteit van Maastricht. De hbo-opleidingen ontwikkelden eigen varianten waartoe hun studenten worden opgeleid, vanwege de specifieke eisen van het beroep en omdat studenten aan het hbo en studenten aan de universiteit verschillen.

In het vervolg zal ik aangeven wat volgens mij de kern is van probleemgestuurd onderwijs. Tevens zal ik kort aanduiden welke variaties je zoal kunt tegenkomen. Op deze wijze hoop ik zo dicht mogelijk te komen bij het systeem dat op jullie opleiding is ontwikkeld.

Wat is probleemgestuurd onderwijs (niet)?
Probleemgestuurd onderwijs is algemeen verbreid en heeft voor veel mensen al lang niets nieuws meer. De algemene bekendheid van probleemgestuurd onderwijs (PGO) heeft een nadeel. Het lijkt niet meer zo nodig om nog een keer uit te leggen wat dit is. Het gevolg is, dat iedereen zijn eigen gedachten heeft. Als die gedachten niet meer worden uitgesproken en bediscussieerd, ontstaan er allerlei misvattingen en vooroordelen over PGO omdat men hier een onvolledig beeld van heeft, of omdat men allerlei ontwikkelingen binnen PGO niet heeft meegemaakt.

Sommige mensen denken bijvoorbeeld dat PGO een heel star systeem is, waarbij per se tweemaal per week een bijeenkomst van de onderwijsgroep plaatsvindt, die altijd precies volgens hetzelfde starre stramien verloopt. Mocht dit al ergens zo gebeuren, dan is er geen sprake van een 'zuiver PGO', maar van een verkeerde toepassing van de uitgangspunten. In dat geval is het geen wonder dat studenten – en ook docenten – binnen de kortste keren genoeg hebben van die praktijk.

Een andere misvatting is dat men denkt dat PGO zich alleen maar afspeelt in de onderwijsgroep. Men zegt dan dat andere activiteiten niet in een probleemgestuurd curriculum thuishoren (bijv. colleges), of dat die activiteiten in bijvoorbeeld praktijkonderwijs of tijdens stages wel nodig zijn, maar niet op een 'PGO-manier' georganiseerd kunnen worden. Ik ben van mening, dat het zeer wel mogelijk is alle onderdelen van het curriculum volgens de beginselen van probleemgestuurd onderwijs of studentgecentreerd in te richten.

Probleemgestuurd onderwijs is een dynamisch onderwijssysteem, dat zich voortdurend aanpast aan de eisen die vanuit het beroep worden gesteld. Het systeem neemt steeds nieuwe onderwijskundige inzichten op, zodat de studenten zich optimaal kunnen voorbereiden op het beroep van hun keuze.

1.2 Kenmerken van probleemgestuurd onderwijs

De vraag "Wat is probleemgestuurd onderwijs?", kun je op verschillende manieren of in verschillende etappes beantwoorden. Een eerste antwoord hebben we gezien in de inleiding, waar we iets gezegd hebben over het ontstaan en over de geschiedenis van probleemgestuurd onderwijs. Uit deze geschiedenis kwam naar voren dat probleemgestuurd onderwijs geen concreet, vast omschreven onderwijsmodel is, maar *een geheel van ideeën*, dat men – afhankelijk van tijd en plaats – zo goed mogelijk in de

praktijk wil realiseren. Het zijn ideeën en opvattingen op het gebied van onderwijs en onderwijsontwikkeling, die een antwoord geven op de volgende vragen.
- Hoe verloopt het leerproces bij (jong)volwassenen?
- Welke eisen stelt een beroep aan beginnende professionals?
- Hoe kunnen we het onderwijs inrichten, zodat het leerproces optimaal verloopt en de studenten zo goed mogelijk zijn voorbereid op het beroep dat ze gekozen hebben?

Uit deze antwoorden kunnen we de belangrijkste kenmerken van probleemgestuurd onderwijs afleiden.

1.2.1 Studentgecentreerd

Probleemgestuurd onderwijs is *studentgecentreerd*. PGO is een van die onderwijssystemen, die erop gericht zijn om het leerproces van de student zo goed mogelijk tot zijn recht te laten komen. Het leerproces van de student staat centraal en niet het 'vak' van de docent en de didactiek die hoort bij dat vak, zoals dat in een docentgericht onderwijssysteem zou zijn. Bedenk wel dat in de praktijk de tegenstellingen tussen een docentgecentreerd en een studentgecentreerd curriculum niet absoluut zijn, er zijn wel duidelijke accentverschillen tussen het ene en het andere systeem.

accentverschillen

In een docentgecentreerd systeem bepaalt de docent wat hij in zijn lessen behandelt en hoe hij dat doet. In een studentgecentreerd systeem kijkt men enerzijds naar het beroep waarvoor de student wordt opgeleid en anderzijds naar de mogelijkheden van de student; vanuit deze twee polen wordt bepaald wat de student gaat doen.

In een studentgecentreerd curriculum zijn de docent en zijn vak niet totaal onbelangrijk geworden. Integendeel, ze zijn nog steeds belangrijk, maar ze ontlenen hun belang nu aan hun bijdrage aan de ontwikkeling van de student in de richting van het beroep. Als een docent een onderwerp aan de orde wil stellen, dan kan dat in een studentgecentreerd systeem alleen als hij weet duidelijk te maken dat dat onderwerp – op die wijze en op dat moment gebracht – in het totaal van het onderwijsaanbod belangrijk is voor de student in zijn ontwikkeling naar het beroep. Deze beslissing zal hij nooit op eigen houtje kunnen nemen, maar altijd in overleg met zijn collega's. Zo wordt zijn mening getoetst en ingepast in het geheel.

1.2.2 Beroepsgeoriënteerd

Een hogere beroepsopleiding leidt op tot een beroep en als het goed is heb je met die opleiding voor dat beroep gekozen. In een probleemgestuurd curriculum betekent de oriëntatie op het beroep niet alleen dat je aan het eind van de opleiding gekwalificeerd bent om als beginnend professional op te treden; deze oriëntatie loopt als een rode draad vanaf het begin door de hele opleiding. Alles wat je in een probleemgestuurd curriculum doet, kun je motiveren vanuit eisen die het beroep stelt.

Als je je bijvoorbeeld afvraagt waarom je een bepaalde taak moet doen, waarom je een taak op een bepaalde manier moet doen of waarom gekozen is voor bepaalde werkvormen, zal het antwoord altijd een verwijzing naar de beroepswerkelijkheid bevatten. Elk onderdeel heeft een plaats in het curriculum, omdat dat voor het beroep van belang is.

De beroepsoriëntatie van een probleemgestuurd curriculum betekent, dat de inhoud van de taken en opdrachten en de manier waarop je ermee aan de slag gaat, zo veel mogelijk ontleend zijn aan de beroepswerkelijkheid.

Als we dit kenmerk verbinden met het vorige – het studentgecentreerde karakter – dan kunnen we dat als volgt samenvatten: in het probleemgestuurd onderwijs staat de ontwikkeling van student naar het beroep en zijn ontwikkeling van 'leek' tot beginnend professional centraal.

1.2.3 Zelfstandigheid

In probleemgestuurd onderwijs wordt grote nadruk gelegd op de zelfstandigheid van de student. Zelfstandigheid wil niet zeggen, dat je als student alles zelf maar moet uitzoeken. Natuurlijk is het heel belangrijk, dat je zelf initiatieven ontplooit. Vooral als je iets niet weet is het belangrijk dat je zelf stappen zet om opheldering te krijgen. Het is dan wel handig als je weet welke stappen je in een bepaalde situatie moet zetten en wat de meest efficiënte manier is om de juiste informatie te krijgen.

We zijn nu bij de kern 'zelfstandigheid'. Iemand is zelfstandig als hij inzicht heeft in een bepaalde situatie, als hij weet hoe die situatie het best aangepakt kan worden en de vaardigheden heeft om die situatie aan te pakken.

In probleemgestuurd en studentgecentreerd onderwijs wordt vaak gesproken over *selfdirected learning*, zelfsturend of zelfstandig studeren. Deze zelfstandigheid is niet iets wat je als student van begin af aan hebt, maar iets wat je van begin af aan (steeds verder) ontwikkelt: inzicht in het leerproces en vaardigheid om je leerproces efficiënt te sturen.

Het wil dus niet zeggen dat docenten niet zouden mogen 'ingrijpen'. Een groot misverstand is bijvoorbeeld dat sommige docenten en studenten denken, dat een ideale docent in de onderwijsgroep zo goed als onzichtbaar is. Eigenlijk vinden ze dat er iets mis is, als een docent moet ingrijpen. Ik ben van mening dat hier niets mis mee is, sterker nog: ik vind dat hij dan gewoon zijn werk doet en dat moet hij naar behoren uitvoeren. Een docent voert zijn taak naar behoren uit als zijn interventie erop gericht is om de zelfstandigheid van de student verder te ontwikkelen. De rol van coach heeft een centrale plaats in de rollen van een docent in een probleemgestuurd onderwijs.

Het doel is, dat je (steeds beter) in staat bent als professional te handelen op basis van *beroepsmatig* inzicht. Dat wat je als professional feitelijk doet blijkt dan, volgens de (gangbare) theorieën, de beste optie. Dit komt overeen met dat wat in veel beroepen wordt aangeduid als *evidence based practice* – praktisch handelen, gebaseerd op gefundeerde inzichten.

Zelfstandigheid is geen extraatje. Het is geen cadeautje dat een docent wel of niet kan geven. Het is een essentieel element in de beroepsoriëntatie, omdat van een (beginnend) professional wordt verwacht dat hij zelfstandig kan optreden.

1.2.4 Verantwoordelijkheid

Je bent verantwoordelijk voor dat wat je doet, maar ook voor dat wat je niet doet, wat je achterwege laat. Dat geldt voor iedereen, maar het geldt op specifieke wijze voor iemand die een beroep uitoefent.

In eerste instantie ben je verantwoordelijk ten opzichte van jezelf. Je stelt jezelf de vraag: "Waarom doe ik dit en laat ik dat achterwege?" Op die manier vorm je een professioneel geweten, dit geweten is de eerste en laatste instantie waaraan je verantwoording aflegt.

Vervolgens ben je ook in staat antwoord te geven als anderen – medestudenten of docenten – je soortgelijke vragen stellen, ook tegenover anderen zul je bij gelegenheid verantwoording afleggen.

Je bent verantwoordelijk voor de keuzes die je maakt en de initiatieven die je ontplooit. Docenten bieden je op verschillende manieren van alles aan, maar uiteindelijk ben jij het die ermee aan de slag moet gaan; jij maakt je keuzes.

initiatief nemen

Als je – ondanks instructies – niet precies weet wat je moet doen of hoe je iets moet doen, ben jij niet alleen de eerste die dat constateert, maar uiteraard ook de eerste die initiatief moet nemen. Je kunt bijvoorbeeld ergens hulp vragen, aan een medestudent of een docent. Als je iets niet weet zal men het je niet gauw kwalijk nemen, dit ligt anders als je dit niet kenbaar maakt en er niets aan doet.

Verantwoordelijkheid nemen wil zeggen dat je doet wat volgens jou redelijk is en wat men – in alle redelijkheid – van je verwacht.

Aanwezigheid in de onderwijsgroep

Soms vragen studenten hoe vaak ze aanwezig moeten zijn in een onderwijsgroep. In plaats van hier rechtstreeks op te antwoorden, reageren docenten wel eens met een vergelijking.
Stel: je werkt fulltime in een bedrijf, zou je dan ook vragen hoe vaak je aanwezig moet zijn?
Op school gelden in grote lijnen dezelfde regels als in een bedrijf. Als je je werk serieus neemt, dan zorg je ervoor dat je je aan de regels houdt; uiteraard als deze regels zinvol, logisch en redelijk zijn.
Als jij de regels niet serieus neemt, is de kans groot dat anderen jou niet serieus nemen, althans niet in je beroep of in de ontwikkeling naar het beroep. Als je een regel niet zinvol vindt zijn er over het algemeen wegen te vinden om daar iets aan te doen.

1.2.5 Visie op leren

In het probleemgestuurd onderwijs maakt men gebruik van de volgende inzichten in het leerproces van volwassenen.

leerproces van volwassenen

– Leren is een actief proces, iets wat je ontwikkelt door het zelf te doen.
– Zelfstandigheid, initiatief ontplooien en verantwoordelijkheid zijn erg

belangrijk om het onderwijs goed te laten verlopen en om je voor te bereiden op het beroep.
- Het onderwijs is zo ingericht dat het ertoe leidt dat een student die actief meedoet, deze eigenschappen kan ontwikkelen. Daarom krijg je taken aangeboden waarbij je zelf je weg zoekt, zelf initiatieven ontplooit, zelf verantwoordelijk bent en tot op zekere hoogte zelf bepaalt hoe je het aanpakt.

> In een probleemgestuurd curriculum is het niet gebruikelijk dat je blanco – zonder enige voorbereiding – naar een bijeenkomst of een college gaat, waar een docent alle initiatieven neemt en alles van a tot z uitlegt. Het is niet zo dat je op deze manier niets zou leren, maar zo leer je niet die zaken, die men tegenwoordig erg belangrijk vindt. Je leert op deze manier dat een *ander* het initiatief neemt en *jij* afwacht; dat je de denkwijzen van een ander volgt, in plaats van je eigen creatieve denken te ontwikkelen.

In het proces van actief leren kun je enkele stappen onderscheiden.
- Als je met een bepaalde leertaak begint is het belangrijk dat je jezelf op het juiste spoor brengt. Je probeert je denken te laten aansluiten bij de inhoud van die taak. Je gaat je eigen voorkennis activeren en gaat na wat die taak aan gedachten bij je oproept en wat je er zoal van weet.
- Als je je voorkennis hebt geactiveerd en bepaalde gedachten hebt toegelaten, kijk je naar de taak en formuleer je vragen: Hoe zit dat precies? Hoe verloopt dat? Waar komt dat vandaan? Enzovoort.
- Als je op deze vragen geen antwoord weet, ga je – op een gerichte manier – antwoorden zoeken, bijvoorbeeld door literatuur te raadplegen of door te surfen op internet.
- Als je iets hebt gevonden dat op een antwoord lijkt, dan controleer je of je dat een logisch en bevredigend – voor jou inzichtelijk – antwoord vindt.
- Je controleert of je het antwoord kunt inpassen in jouw kennisnetwerk, zodat dit wordt uitgebreid.

Je kunt dit proces alleen doorlopen, maar je kunt het ook geheel of gedeeltelijk samen met anderen doen. Dat is het basisschema van de 7-sprong, dat in de onderwijsgroep wordt gebruikt. We kunnen dit schema ook gebruiken bij andere studieactiviteiten; vandaar dat het in de volgende hoofdstukken regelmatig zal terugkomen.

kritisch vermogen

In het actieve leren speelt je *kritische vermogen* een rol en wordt steeds verder ontwikkeld.

Als je met een taak geconfronteerd wordt, dan weet je er meestal wel het een en ander over te zeggen. Je kritische vermogen geeft je een seintje, dat wat je al weet waarschijnlijk niet voldoende is. Het kan zijn dat je mening niet goed onderbouwd is met argumenten (je mening is nog niet *evidence based*) of niet helemaal volledig is. Vandaar dat je allerlei vragen formuleert om meer zekerheid te krijgen.

Als je op die vragen een antwoord zoekt, dan stel je je niet tevreden met het eerste resultaat, maar je kijkt of er mogelijk nog andere opvattingen zijn. Je bespreekt dan met anderen of de gevonden antwoorden afdoende zijn, of dat jullie mogelijk verder moeten zoeken. Je kritische vermogen leert je een zekere afstand te nemen van dat wat je weet of gevonden hebt en stelt je in staat om gericht verder te zoeken naar aanvullende informatie.

> Volgens veel stagebegeleiders is een kenmerk van studenten die een probleemgestuurde opleiding volgen, dat deze studenten kritisch zijn. Ze zeggen dat die studenten weten wat ze kunnen en dat deze studenten ook in de gaten hebben, wat ze niet kunnen. Die studenten komen dan meteen met een plan om de lacunes te verhelpen. Stagebegeleiders hebben veel waardering voor die eigenschap. Ze zien dat een student zijn eigen ontwikkeling aanpakt en dat zijzelf op een goede manier hun rol als coach kunnen vervullen.

1.2.6 Visie op doceren

In de filosofie van probleemgestuurd leren heeft men ook een duidelijke visie op de rol van de docent en de functie en de manier van doceren.

In probleemgestuurd onderwijs vervult de docent verschillende rollen in direct contact met de student (het contactonderwijs) en op onderwijsorganisatorisch gebied.   *rollen van de docent*

Binnen het contactonderwijs is de rol van *tutor* in de onderwijsgroep de meest bekende rol. In de volgende hoofdstukken zullen we deze rol uitvoerig behandelen.

De rol van *inhoudsdeskundige* is een andere rol van de docent waar je van begin af aan mee te maken krijgt. Deze taak omvat meestal de volgende elementen:
– opstellen van de onderwijsopdrachten of taken
– schrijven van de instructies voor de tutor, die de onderwijsgroep begeleidt bij het werken aan de taken die hij, als inhoudsdeskundige, heeft opgesteld
– maken van toetsen of tentamens
– verzorgen van colleges.

Afhankelijk van de vorm en de inhoud van het curriculum, krijg je ook met docenten in andere rollen te maken. De precieze naam kan per opleiding verschillen, bijvoorbeeld:
– *Praktijkdocenten* (trainers): zij begeleiden studenten bij het praktische gedeelte, het vaardighedenonderwijs.
– *Mentoren*: zij verzorgen de meer persoonlijke begeleiding van de studenten.
– *Stagebegeleiders*: zij begeleiden de studenten tijdens de stage en soms ook al tijdens de voorbereiding op de stage.

Daarnaast vervullen docenten allerlei rollen op het gebied van de onderwijsorganisatie. Zij zijn bijvoorbeeld betrokken bij de ontwikkeling en organisatie van een deel van het onderwijs, bijvoorbeeld van een blok of module (een periode van ca. 5 weken) of van een heel jaar of een fase (de propedeuse, het eerste jaar, of de hoofdfase, de differentiatiefase).

Een andere mogelijkheid is dat ze lid zijn van een van de vele commissies, zoals een examencommissie of een onderwijscommissie.

Deze verdeling van taken en organisatie van het werk van docenten verschilt per opleiding. Het is nuttig om te achterhalen hoe de organisatie van jouw opleiding in grote lijnen in elkaar zit, zodat je snel op de juiste persoon kunt afstappen als je een bepaalde vraag hebt.

De *visie op het doceren* in het probleemgestuurd onderwijs raakt al deze rollen. Het duidelijkst zal dat te zien zijn wanneer docenten direct met de studenten aan het werk zijn, bijvoorbeeld in de onderwijsgroep of in het vaardighedenonderwijs. In het *contactonderwijs* zal de docent meestal een vorm van coachen als leidraad voor de begeleiding van studenten kiezen. De docent stelt de student in staat om initiatief te nemen: eerst doet de student iets, vervolgens geeft de docent – als hij het nodig acht of als de student het vraagt – commentaar.

Een docent kan in allerlei situaties coachen.
Bij responsiecolleges: eerst gaan studenten met de materie aan de slag; als ze er niet helemaal uitkomen, kunnen ze achteraf vragen stellen. De docent laat zien hoe zij zelf het antwoord kunnen vinden.
In de onderwijsgroep: de studenten gaan aan de slag; achteraf geeft de tutor – indien nodig – feedback, zodat de studenten een volgende keer de problemen (nog) beter kunnen aanpakken.
In beide gevallen kun je samen met andere studenten experimenteren, je weg zoeken, problemen aanpakken en proberen op te lossen. De docent treedt op als coach en geeft op het juiste moment tips, waardoor je nog efficiënter gaat werken.

Het commentaar van de docent heeft een speciaal karakter. Hij geeft niet de oplossing of het juiste antwoord, maar laat je zien hoe je te werk kunt gaan om zelf het juiste antwoord te vinden. Hij probeert je methodieken te leren om een volgende keer wel tot de goede oplossing te komen. Op deze wijze helpt hij je je vaardigheid om zelfstandig te werken verder te ontwikkelen. De kunst van deze manier van doceren is om op het juiste moment de juiste informatie te geven.

1.2.7 Neerslag in eindtermen

Het beroepsgerichte karakter van het studentgecentreerd onderwijs heeft tot doel dat je specifieke zaken leert. De *eindtermen* van de opleiding geven aan wat men kan verwachten van een (beginnend) professional, die zojuist zijn opleiding heeft voltooid. Deze verwachtingen zijn geformuleerd door mensen van opleidingen, samen met vertegenwoordigers van het beroep en zijn samengevat in een serie (kern-)*competenties*.

Als je competent bent, ben je in staat om iets te doen. Door je opleiding ben je in staat tot iets; de bevoegdheid om dit te doen, ontleen je aan je diploma. Daarmee heb je officieel een bevestiging gekregen, dat je iets in je mars hebt en dat je het *publiekelijk* mag uitvoeren. Een competentie is het ontwikkelde vermogen om iets te doen, iets tot stand te brengen dat hoort bij een bepaald beroep, dat op een bepaald niveau wordt uitgeoefend. Als je een beroepsopleiding hebt gedaan, dan heb je deze opleiding op mbo- of hbo-niveau gedaan. Wat men dus van jou kan verwachten als je met succes je studie hebt voltooid, wordt bepaald door wat je gestudeerd hebt en op welk niveau.

competenties

Men kan van jou het volgende verwachten.
- Je kunt bepaalde handelingen verrichten. Je kunt bijvoorbeeld een infuus toedienen, zonder de patiënt schade te berokkenen of (meer dan normaal) pijn te laten lijden. Je hebt hiertoe de nodige praktische oefeningen gedaan, zodat je *praktisch* competent bent.
- Dit handelen is gebaseerd op inzichten: je weet waarom, hoe en wanneer patiënten dergelijke infusen krijgen, wat de complicaties zijn, wanneer je eventueel een arts moet waarschuwen enzovoort. Dit weet je doordat je het geëigende materiaal bestudeerd hebt; je bent dus (ook) *theoretisch* competent.
- Je weet van dit handelen en deze inzichten gebruik te maken voor de patiënt. Je bent in staat om op een behoorlijke manier de patiënt te vertellen wat je gaat doen en waarom je dat doet. Dit heb je geleerd, omdat je in je opleiding ook de nodige communicatieve trainingen hebt gehad: je bent *sociaal* competent.

Deze drie elementen zijn onlosmakelijk met elkaar verbonden en maken samen uit of je *professioneel* competent bent of niet. Deze drie elementen dienen dus in voldoende mate ontwikkeld te zijn.

> Als het tot jouw competentie behoort om een *bouwkundige constructie* te ontwerpen, dan houdt dat het volgende in:
> - Je kunt feitelijk de tekening op papier zetten: de *praktische* competentie.
> - Uiteraard slaag je er alleen in om een betrouwbare constructie te tekenen, als je dat kunt berekenen: de *theoretische* competentie.
> - Ten slotte zul je dat aan anderen laten zien en overdragen of je werkt anderszins met anderen samen: de *sociale* competentie.

In de eindtermen vind je deze competenties uitgewerkt, het is nuttig om daar kennis van te nemen. Het geeft een beeld van wat men van je verwacht; je weet dan ongeveer wat je te doen staat. Het motiveert je keuze om verder te gaan met je studie en je kunt de taken die je opgedragen worden, beter plaatsen.

1.2.8 Het probleemgestuurde curriculum

Voordat je aan de eindtermen toe bent, doorloop je het hele curriculum. De opbouw van een curriculum verschilt per opleiding. Zo zijn er opleidingen waar je al in het eerste jaar stage loopt; bij andere opleidingen komt de stage pas aan het eind, bijvoorbeeld vanaf de tweede helft van het derde jaar. Het is goed om je in het begin een beeld te vormen van hoe het programma in grote lijnen is opgebouwd, zodat je je daar op kunt instellen.

binnenschools en buitenschools leren

Over het algemeen heeft elke hogere beroepsopleiding een *binnenschools* en een *buitenschools* deel.

De woorden 'binnenschools' en 'buitenschools' heeft men gekozen vanuit de gedachte dat het hele curriculum een leerperiode is. Alleen de plaats waar men leert verschilt: binnen de schoolmuren of daarbuiten. Die verschillende plaatsen hebben verschillende mogelijkheden, maar uiteindelijk zijn ze allebei van belang om de eindtermen te behalen en om de vereiste competenties te ontwikkelen.

Het buitenschoolse programma omvat de stages, werkbezoeken aan bedrijven of instellingen, excursies (zie verder hfdst. 9).

Het binnenschoolse programma omvat alles wat zich binnen de muren van de school afspeelt. Dit programma is meestal ingedeeld in modules of blokken, dit zijn periodes van ongeveer vijf weken. Het programma van elke module of blok vind je in het module- of blokboek. In elk onderdeel (module, blok) werk je aan concrete leerdoelen.

Over het algemeen bevat een (binnenschoolse) module de volgende activiteiten:

Contactonderwijs
– Een serie onderwijs-groepsbijeenkomsten, meestal twee, soms één per week.
– Een serie practica en/of andere bijeenkomsten voor het vaardighedenonderwijs.
– Enkele colleges, bijvoorbeeld:
  – een college ter opening van de module
  – responsiecolleges, om vragen te beantwoorden die je in de onderwijsgroep niet hebt kunnen oplossen
  – gastcolleges, bijvoorbeeld door vertegenwoordigers van het beroep, om over hun ervaringen te praten en jullie enthousiast te maken voor het beroep, of door ervaringsdeskundigen, mensen die veel met het beroep in contact zijn gekomen. In de gezondheidszorg zijn dat bijvoorbeeld chronische patiënten.
– Andere (contact-)activiteiten, die in het blok zijn georganiseerd.
– De (blok)toets en eventueel andere vormen van toetsing.

Selfdirected learning
In een probleemgestuurd curriculum is het grootste deel van de tijd beschikbaar voor zelfsturend leren.

Het is zaak dat je deze tijd goed besteedt en voor verschillende activiteiten gebruikt:
- de taken van de onderwijsgroep, meestal individueel
- de opdrachten en de oefeningen van het vaardighedenonderwijs, vaak in (kleine) groepen
- de opdrachten van de andere contactactiviteiten
- de schriftelijke opdrachten en evaluatieverslagen
- de voorbereiding van de toetsen.

In hoofdstuk 7 wordt dit verder uitgewerkt.

Het hele onderwijsprogramma vormt een samenhangend geheel, gericht op de ontwikkeling van de vereiste competenties. Wat je in de ene situatie leert, kun je in een andere situatie gebruiken. Je kunt bijvoorbeeld de onderwijsgroep zien als een oefengroep, waar je relevante vaardigheden ontwikkelt die je ook bij andere onderdelen van de studie kunt gebruiken. In de volgende hoofdstukken zullen we deze gedachte verder uitwerken.

Toets
Elke module wordt in de regel afgesloten met een toets, waarin je controleert of je je doelen hebt behaald.

Het laatste hoofdstuk is gewijd aan de toetsing.

2 De methodiek van de onderwijsgroep: de 7-sprong

Het binnenschoolse deel van het onderwijs is verdeeld in blokken of modules. Elke module heeft specifieke doelen die je dient te behalen. Meestal blijkt aan het eind van het blok wanneer je een of meer toetsen aflegt, of je die doelen behaald hebt. Je laat dan zien of je het vereiste niveau hebt gehaald. De activiteiten die je verricht tijdens een blok dienen als voorbereiding op de toetsen. Een belangrijk deel van die voorbereiding op de toetsen is het werken aan een serie taken of opdrachten in de onderwijsgroep.

In dit hoofdstuk en in de drie hoofdstukken die hierop volgen, besteden we aandacht aan het werk in de onderwijsgroep.

2.1 De onderwijsgroep aan het begin van de opleiding

Aan het begin van de opleiding hebben de meeste studenten een vrij vage voorstelling van het beroep, waar de opleiding hen op voorbereidt. Hun niveau verschilt niet veel van dat van de ontwikkelde 'man of the street'. De bedoeling is dat ze aan het eind van het traject professionals zijn: mensen die hun beroep op professioneel niveau kunnen uitoefenen. Zij hebben dan de benodigde kennis en vaardigheden verworven; beter gezegd: ze beschikken over de vereiste competenties. Ze zijn in staat te doen wat men van een (beginnend) professional mag verwachten. Ze kunnen op een juiste – professionele – manier handelen, en dat handelen vloeit voort uit hun systematisch verworven inzichten.

Dit is het doel van alle blokken of modules. In elk blok ontwikkel je competenties waarin handelen en inzichten nauw met elkaar zijn verweven. Elk blok is een station op het traject dat je doorloopt van leek tot professional.

Ik maak onderscheid tussen studenten aan het begin van de opleiding die nog weinig of geen specifieke beroepsmatige kennis hebben en gevorderde studenten; voor deze laatste groep is hoofdstuk 5 bedoeld.

Probleemaanpak
Je kunt een probleem op verschillende manieren aanpakken. De eerste manier is gebaseerd op *intuïtie*.

Je wordt geconfronteerd met een probleem of onderwerp waar je iets mee wilt doen. Je gaat aan het werk, zoals het op dat moment het beste lijkt. Je kunt een volgende keer afwisselend op dezelfde of op een andere manier te werk gaan; maar op deze wijze kom je niet tot een gerichte, bewuste ontwikkeling van je manier van werken. Je ontwikkelt zo geen *bewuste methodiek*. Om deze methodiek te ontwikkelen, kun je ook overstappen op een andere weg: de weg van de (bewuste) methode.

Deze weg begint op dezelfde manier: je pakt een probleem aan op de manier, die je voor effectief houdt. Achteraf ga je die manier nog eens goed bekijken en stel je jezelf kritische vragen, die je bewust probeert te beantwoorden: Was het inderdaad zo effectief als je had gehoopt en leidde die manier tot de gewenste resultaten?

> Bij het kaarten hebben mensen soms een hekel aan 'nakaarten': achteraf eindeloos napraten over het spelletje. "Als jij die kaart had gespeeld, dan had zij zus ... en dan had ik zo ... en dan ...."
> In de opleiding is dit terugbuigen een essentieel element. We noemen dat: *reflectie*. We kijken terug op wat we gedaan hebben. Deze reflectie is *kritisch*. Dit woord komt uit het Grieks en betekent 'onderscheid makend'.
> Als we terugbuigen (reflecteren), stellen we ons de vraag: "Zou ik het de volgende keer weer zo doen: ja of nee?"
> - indien ja: waarom?
> - indien nee: waarom?
> - hoe zal ik het de volgende keer dan anders doen?
>
> Op deze manier bouwen we bewust een methodiek op: een stappenplan, waarbij we weten
> - wat we doen
> - hoe we het doen
> - waarom we het op die manier doen.

Als je je manier van werken analyseert, dan kun je daarin verschillende stappen onderscheiden.

Bij elke stap kun je vragen stellen in de trant van: was dit de juiste stap op het juiste moment? Je kunt dan tot de conclusie komen dat je een of meerdere stappen een volgende keer anders doet.

Deze tweede manier onderscheidt zich van de eerste, doordat je nu niet meer zuiver op je intuïtie af gaat, maar bewuster te werk gaat, je bent je meer bewust van de methode, de stappen die je achtereenvolgens zet en je bekijkt die methode kritisch: was dit de beste stap op het juiste moment?

Bij een hogere beroepsopleiding is het van groot belang deze bewuste, kritische werkwijze te ontwikkelen. De basis hiervoor wordt gelegd in het eerste blok of in de eerste blokken van het hbo.

Een gangbaar instrument om deze manier van werken te introduceren is de 7-sprong.

2.2 De 7-sprong

Het is een vrij algemeen gebruik om in de onderwijsgroep van een probleemgestuurd blok met de zogenaamde 7-sprong aan taken te werken. De 7-sprong bestaat uiteraard uit zeven stappen.

Je kunt de 7-sprong ook verdelen in drie delen:
- Deel 1. Tijdens de eerste bijeenkomst van de onderwijsgroep: de *voorbereiding* van een taak, stap 1 tot en met 5.
- Deel 2. In de tijd volgend op deze bijeenkomst en ter voorbereiding op de volgende bijeenkomst van de onderwijsgroep: de *zelfstudie*, stap 6.
- Deel 3. Tijdens de daaropvolgende bijeenkomst van de onderwijsgroep: de *nabespreking*, stap 7.

Deel 1 De voorbereiding, stap 1 tot en met 5

Stap 1 Verduidelijken van de tekst en verklaren van onduidelijke woorden

Beschrijving
Meestal krijg je met een tekst een taak of opdracht aangeboden.
  Het eerste dat je doet is de tekst lezen en wel zo, dat je in staat bent precies te vertellen wat de inhoud van de tekst is.

De eerste stap is voor de hand liggend en noodzakelijk.
- Je moet *zelf* weten wat je te doen staat: de tekst zet je op het juiste spoor.
- Het is ook nuttig om er zeker van te zijn dat anderen dezelfde opdracht hebben en dat ze die opdracht op dezelfde manier interpreteren als jij.
- Het allerbelangrijkste is dat je niet alleen een gemeenschappelijke interpretatie van de tekst hebt, maar dat je veilig mag aannemen dat die interpretatie correct is.

Hoe ga je te werk?
Je gaat de tekst zeer zorgvuldig, *actief* lezen. Wat is precies actief lezen en hoe doe je dat?   actief lezen
  Je kunt een tekst op twee manieren lezen: de gewone manier, waarop men vaak leest en een andere manier die we actief lezen noemen.

> De gewone manier van lezen is de manier die men meestal toepast. Het effect van deze manier kun je bij jezelf en bij anderen duidelijk zichtbaar maken.
> Vraag iemand eens om iets te lezen. Als hij het gelezen heeft, vraag je hem om precies te vertellen *wat* hij gelezen heeft. Vaak zul je dan zien, dat hij dan weer even moet spieken. Men weet wel wat men heeft gelezen, maar men kan dat niet precies navertellen. Dit noemt men ook wel *volgend lezen*: men heeft de tekst gevolgd. Men heeft zich als het ware laten meenemen door de tekst. Als iemand anders na afloop vertelt wat er in de tekst staat, dan herkent men dat meestal wel. Maar zelf een weergave van de tekst produceren is in dat geval teveel gevraagd.

Bij actief lezen realiseer je je van tevoren, dat je na afloop in staat wilt zijn om de strekking van de tekst precies en correct weer te geven. Met die instelling of met dat bewustzijn, ga je lezen: je gaat *gericht* op zoek naar het antwoord op de vraag: Wat moet ik straks zeggen om de tekst goed weer te geven?

doelgericht lezen

Om dat doel te bereiken ga je – doelgericht – letten op bepaalde elementen in de tekst.

Bijvoorbeeld:
– De titel: die geeft meestal al de strekking van de tekst weer (je controleert of dat zo is!).
– Het slot: daar komt meestal de 'aap uit de mouw'; daar wordt de strekking van een tekst duidelijk. Het bevat vaak een soort conclusie of besluit (die – achteraf – logisch voortvloeit uit dat wat je op grond van de titel al kon vermoeden; dit controleer je weer).
– Kernzinnen: waarin het centrale thema van de tekst bondig wordt aangeduid.
– Structurerende woorden, zoals: ten eerste, vervolgens, enzovoort. Deze woorden geven aan hoe een tekst is opgebouwd.

Kenmerk van actief lezen is dus dat je deze elementen van de tekst gericht opzoekt en gebruikt om te komen tot een correcte weergave van de tekst.

Het **belang** van deze stap is tweeledig:
– Het is een logische en noodzakelijke stap om samen te gaan werken aan een taak.
– Je oefent een vaardigheid – actief lezen – die uitermate nuttig is voor je studie, voor sommige toetsen in het bijzonder en die ook belangrijk kan zijn bij de uitoefening van je beroep.

Het **resultaat** van deze stap is dat je precies weet wat er in de tekst van de opdracht staat en dat je weet dat anderen dezelfde tekst op dezelfde – correcte – manier hebben begrepen.

Stap 2 Bepalen van de aard van de taak en het definiëren van het probleem

Beschrijving en samenhang met de voorafgaande stap
De tweede stap vloeit logisch voort uit de eerste. Als je de tekst waarin de opdracht staat, hebt gelezen en begrepen, dan is de volgende vraag: wat moet je precies doen, wat is de opdracht waar je voor staat? De tekst waarin de opdracht ligt besloten, kan diverse elementen bevatten. Het antwoord vind je als je doordringt tot de kern van de tekst, het centrale punt waar alles om draait.

Hoe ga je te werk?
Deze stap bevat twee elementen, die allebei aandacht verdienen.
1 De *inhoudelijke* kant van de zaak: de inhoud waarmee je je gaat bezighouden.
2 De *formele* kant van de zaak: wat ga je precies met die inhoud doen?

Het probleem definiëren

Deze formulering kan misleidend zijn, omdat veel mensen niet in de gaten hebben dat het woord probleem twee betekenissen heeft, die je goed moet onderscheiden:
- In het gewone *dagelijkse* taalgebruik is een probleem lastig, iets vervelends, wat je liever niet hebt: een lekke band, kiespijn, geldgebrek. Oplossen van het probleem betekent in dat verband: het probleem uit de wereld helpen, je band (laten) plakken, een pijnstiller nemen en/of naar de tandarts gaan, geld verdienen of lenen of een bank overvallen.
- In het meer *wetenschappelijke* taalgebruik is het woord probleem ongeveer hetzelfde als onderwerp: de zaak waarmee je je gaat bezighouden. Oplossen betekent hier niet: uit de wereld helpen, maar verklaren of ophelderen.

De inhoudelijke kant
De inhoudelijke kant heeft betrekking op het onderwerp: de vraag waar de taak over gaat.

    Het antwoord vind je door te zoeken naar de inhoudelijke kern van de tekst.

    De titel geeft vaak al een aanwijzing. Je zoekt de kernzin(nen) op en je kijkt naar het slot. Vaak blijkt ook dat (bijna) alle onderdelen van de tekst naar eenzelfde gegeven verwijzen.

inhoud van het probleem

De formele kant
De tweede vraag is: wat moet je met dit onderwerp, deze inhoud, doen?
    Op deze vraag zijn verschillende antwoorden mogelijk.
- Het antwoord kan zijn: *bestudeer* de verschijnselen en beschrijf of leg uit hoe ze verlopen, hoe zit het precies in elkaar? Dit leidt dan tot een *studietaak*.
- Het antwoord kan ook zijn: *verklaar* iets van of omtrent die verschijnselen. De opdracht kan dan bijvoorbeeld zijn dat je gevraagd wordt het ontstaan van bepaalde kustvormen te verklaren uit de wisseling van eb en vloed. Of een verklaring te zoeken voor een probleem op de afdeling, bijvoorbeeld omdat er sprake is van een rolconflict. Een *verklaringstaak* dus.
- Een andere mogelijkheid is dat gevraagd wordt een *plan* op te stellen. Er wordt gevraagd hoe je met dat probleem om zou gaan, hoe pak je bijvoorbeeld een conflict op een afdeling aan? In dat geval spreken we van een *strategietaak*.
- De laatste mogelijkheid die ik hier wil noemen, houdt in dat gevraagd wordt naar je *mening*. Die kan natuurlijk verschillen van die van andere leden van de onderwijsgroep. Dat leidt tot een discussie, waarin je niet alleen je mening geeft, maar ook laat zien waar je je mening op baseert. Je neemt ook kennis van de mening van anderen en van hun argumentatie. Het doel van deze taak is tweeledig: je leert nadenken over je

aard van het probleem

eigen standpunt, het verwoorden en beargumenteren en je leert respect en begrip te hebben voor het standpunt van anderen. Dit is dus een *discussietaak*.

Het antwoord op de vraag wat je met het onderwerp moet doen, vind je eveneens doordat de titel vaak al een aanwijzing geeft. Vaak wordt in het slot aangegeven wat er van je gevraagd wordt: een verklaring, een strategie of iets anders. In hoofdstuk 4 komen we uitvoerig terug op de verschillende soorten taken.

Het **belang** van deze stap is tweeledig. Het gaat er om vast te stellen wat de kern van de opdracht is wat betreft de *inhoudelijke* kant en wat betreft de *formele* kant, dat wat je er mee gaat doen.

De formele kant bepaalt de mate waarin je wetenschappelijk of professioneel te werk gaat. Iedereen kan zich met van alles bemoeien, maar een professional onderscheidt zich door de wijze waarop hij zich met iets bemoeit.

Het **resultaat** van deze fase is de *formulering van de probleemstelling*, waarin duidelijk blijkt met welke inhoud je je gaat bezighouden en wat je met die inhoud gaat doen.

Stap 3 Analyseren van het probleem

Beschrijving en samenhang met de voorafgaande stappen
Het resultaat van de vorige stap is, dat je weet waarmee je je gaat bezighouden en wat van je verwacht wordt. In zekere zin heb je daarmee het einddoel gesteld. Als er gevraagd wordt om bepaalde kustvormen te verklaren, dan weet je dat het eindresultaat zal zijn: de verklaring van bepaalde kustvormen. Hiermee is dus al het eindproduct aangegeven, dat in stap 7 zichtbaar zal worden.

De vraag is nu: hoe kom je bij dat eindresultaat? Er zijn verschillende antwoorden mogelijk, maar geen enkele mogelijkheid is duidelijk voor je uitgestippeld. Zelf uitstippelen van de weg naar de oplossing is een belangrijk leermoment. De bedoeling is dat je samen met de andere leden van de groep de weg naar het eindresultaat bepaalt. De eerste stap is het inventariseren van ideeën en gedachten die nuttig zijn om het eindresultaat te bereiken.

Hoe ga je te werk?

brainstorm

Meestal vindt in deze fase een soort brainstorm plaats. Iedereen krijgt de gelegenheid om kort en bondig gedachten en ideeën te uiten, die van belang kunnen zijn bij het werken aan de taak.

In deze fase zijn enkele zaken van belang:
– Probeer een gedachte *kort en bondig* te formuleren; geen uitvoerige toelichtingen, die kunnen later – als er tijd voor en vraag naar is – gegeven worden.
– Breng een gedachte *duidelijk* naar voren, zodat je kunt aannemen dat

iedereen begrijpt wat je bedoelt. Beperk je dus niet tot losse woorden of kreten, waar ieder een eigen invulling aan kan geven.
- Als je iets niet begrijpt kun je om verduidelijking of *toelichting* vragen. De toelichting is kort en bondig en gaat niet over in discussie.
- *Kritische vragen* en *discussies* zijn hier niet aan de orde. Als je het absoluut niet met iemand eens bent, verdient het aanbeveling om je te beperken tot de opmerking dat je een andere opvatting hebt. Je geeft dan jouw opvatting weer en die wordt evenals de andere opvattingen, voor kennisgeving aangenomen en genoteerd.

Als je niet snel en spontaan iets weet te bedenken, kan het helpen als je 'een stapje teruggaat' en je concentreert op het resultaat van stap 2: de formulering van de probleemstelling. Je stelt je voor wat er mogelijk allemaal bij komt kijken om het gewenste eindresultaat, de gevraagde verklaring of de strategie, te bereiken.

Mocht dit onvoldoende resultaat opleveren, dan kun je weer terug gaan naar de tekst (stap 1). Mogelijk staan daar woorden of zinnen in die iets bij je oproepen wat van belang is voor het werken aan deze taak.

Heel belangrijk is dat je je realiseert dat je niet honderd procent zeker hoeft te zijn van je zaak: alles wat hier gezegd wordt heeft een voorlopig karakter, dit kun je beschouwen als *hypothese*.

hypothetisch karakter

In stap 6 ga je onderzoeken in hoeverre dat wat hier gezegd is klopt. In stap 7 – nadat je uitvoerig in de literatuur bent gedoken – kun je enige zekerheid verwachten op basis van de literatuur en discussie over de literatuur!

Het hypothetisch karakter van alles wat hier gezegd wordt, betekent vaak ook dat je niet honderd procent zeker kunt zijn van dat wat je zegt. Echte zekerheid – evidence – vereist dat je je mening kunt baseren op gezaghebbende literatuur en dergelijke. Die heb je meestal niet bij de hand, daarom heeft het ook geen zin om nu uitvoerig te discussiëren en te proberen een ander van zijn ongelijk te overtuigen.

Het **belang** van deze stap is, dat je je aanwezige kennis activeert.

In feite weet iedereen al vrij veel, vaak meer dan men zich realiseert. Veel kennis is als het ware weggezakt; we zijn ons er niet van bewust en daarom kunnen we die kennis niet echt actief gebruiken.

activeren van voorkennis

Die onbewuste kennis is vaak vermengd met 'schijnkennis': we menen zaken zeker te weten, maar het komt nog al eens voor dat we ons vergissen of dat we niet kunnen aangeven waar onze kennis of onze mening op gebaseerd is. In deze (en in de volgende fasen) van de 7-sprong willen we hier iets aan gaan doen.

In deze fase zijn we erop gericht om onze kennis te activeren, bewust te maken. Zowel voor de studie als voor het beroep is het van belang dat we ons creatief vermogen om ideeën te produceren, ontwikkelen. Deze fase is iedere keer een kleine oefening in creativiteit, maar geen creativiteit die ongeremd en ongestuurd is en alleen maar gedreven wordt door een fantasie. Dit is een *constructieve* creativiteit, waarbij we alle mogelijke kanten van de taak verkennen, die van belang kunnen zijn bij de constructie van het eindresultaat: de verklaring of de strategie. Vandaar dat we de formulering van de probleemstelling en de tekst van de taak als uitgangspunt nemen.

Het **resultaat** van deze fase is een lijst van ideeën en gedachten, die van belang (kunnen) zijn bij ons verdere werk aan de taak.

Stap 4 Toetsen en systematisch ordenen van wat in fase 3 naar voren is gebracht

Beschrijving en samenhang met de voorafgaande stappen
We kijken kritisch naar het resultaat van stap 3 – de lijst met mogelijk relevante gedachten en ideeën – en stellen ons de volgende vragen.
– Zijn die gedachten inderdaad allemaal relevant?
 • Zo ja, op welke wijze zijn ze relevant?
– Zit er een samenhang tussen sommige ideeën?
 • Zo ja, hoe is die samenhang dan?

Hoe ga je te werk?

verbanden leggen

Eerst bekijken we alle ideeën op zich en gaan na of we een (duidelijk) verband zien met de *probleemformulering* van fase 2. Als dat verband niet duidelijk is, proberen we dat verband te verduidelijken door erover te praten. Als dat niet lukt, kunnen we ervan uitgaan dat het niet relevant is.

Als er wel een verband gelegd wordt maar je twijfelt of het idee relevant is, dan kijk je naar de doelstellingen van het blok of de (centrale) doelstellingen van de opleiding.

Voorbeeld: de opdracht betreft een verkeersongeval.
Met enige fantasie kun je daar vele kanten mee uit, maar als je je realiseert dat je in een opleiding verpleegkunde zit, zul je je met name concentreren op de zorg rond het slachtoffer. Preventieve maatregelen betreffende de verkeerssituatie zul je waarschijnlijk niet bestuderen.

De volgende stap is het ordenen en structureren van de (overgebleven) ideeën en gedachten die in fase 3 naar voren zijn gebracht.
De achterliggende gedachte is dat inzicht in een onderwerp tot uitdrukking komt in de wijze waarop we laten zien hoe elementen van dat onderwerp met elkaar verband houden.

Iemand die alles weet van stoommachines kan precies vertellen waar elk onderdeeltje voor dient en hoe het ene onderdeeltje op het andere ingrijpt. Alle onderdelen samen zorgen ervoor dat de machine werkt.

Dit beeld kunnen we gebruiken om duidelijk te maken wat we met theoretisch inzicht willen bereiken.

We willen weten wat de onderdelen, de elementen zijn van een onderwerp, hoe die met elkaar samenhangen en wat de effecten of de resultaten zijn. Meestal kunnen we die samenhang zichtbaar maken in een piramide.

Deze piramide kun je bij elk boek of artikel herkennen.
- Boven aan de piramide staat de titel: de kortste samenvatting van het geheel.
- Daaronder de aanduiding van de hoofdstukken of paragrafen.
- Daaronder weer de steekwoorden die de belangrijkste elementen aangeven van die hoofdstukken of paragrafen.

Zo kun je steeds verder in details treden.

Je kunt van jezelf zeggen dat je een onderwerp beheerst, als je je deze structuur kunt voorstellen en kunt aangeven wat alle onderdelen inhouden en hoe die samenhangen.

Iemand, die weet hoe iets in elkaar zit, kan er een duidelijk gestructureerd verhaal over houden (zie kader). Als je een onderwerp professioneel en effectief wilt verduidelijken en aanpakken, is een duidelijk gestructureerd verhaal een eerste vereiste. In deze fase leg je daarvoor – provisorisch – de basis.

Hoe doe je dat?
Hoe krijg je de veelheid van gedachten, die in stap 3 naar voren zijn gebracht in een structuur die lijkt op een piramide?   *structureren*
1 Je gaat weer terug naar het resultaat van stap 2: de probleemformulering. Je stelt je voor dat je een artikel over dat onderwerp wilt schrijven en dat je in grote lijnen duidelijk wilt maken, hoe dat artikel eruit gaat zien. De titel heb je al: dat is de probleemformulering.
2 Je stelt je nu de vraag: Wat zijn de meest belangrijke elementen om dat onderwerp uit te werken? Daarvoor kun je ongeveer drie tot vijf (centrale) begrippen selecteren uit het resultaat van stap 3. Deze begrippen zijn als het ware de aanduidingen van de hoofdstukken of paragrafen, waarin je volgens jou het betoog zou kunnen indelen.
3 Als je keuze goed is, zal het lukken om de rest van wat in fase 3 naar voren is gebracht onder te brengen onder deze drie tot vijf begrippen. In dat geval heb je – hypothetisch – een aanduiding van de inhoud van de 'hoofdstukken' en een overzicht hoe het 'artikel' eruit zou kunnen zien.
4 Daarna moet je eigenlijk nog controleren of dit 'schema' inderdaad goed genoeg is.

In de volgende fasen ga je met dit schema aan de slag.

Het **belang** van deze fase is dat het voor je professionele vorming van eminent belang is, dat je ideeën op een goede manier met elkaar in verband weet te brengen. Dit is zowel van belang in het praktisch samenwerken, waarbij je ogenschijnlijk heterogene gedachten in een plan weet samen te brengen, als bij de theoretische arbeid, als je iets moet uitzoeken en voor jezelf of anderen wilt verklaren.

Het **resultaat** is: je hebt een voorlopig en globaal zicht op het eindresultaat.

Stap 5 Formuleren van leerdoelen

Beschrijving en samenhang met het voorafgaande
Als fase 4 gelukt is dan heb je een – hypothetisch – overzicht over het onderwerp dat verduidelijkt of aangepakt moet worden.

Vaak blijkt dat je met een onderwerp vele kanten uit kunt, terwijl de tijd en je mogelijkheden beperkt zijn. Dat leidt tot deze stap, waarin je met elkaar leerdoelen formuleert. Je spreekt af wat je precies gaat doen, wat je gaat bestuderen.

werkafspraken

Hoe ga je te werk?
Het ligt voor de hand, dat je kiest wat het meest van belang is.
  Daarbij let je op:
– Je eigen niveau en het niveau van de groep: wat weet je al (of zou je gezien eerdere blokken moeten weten) en wat weet je niet?
– De taak en in het bijzonder de probleemstelling: wat staat daarin centraal?

Mocht dat tot te veel leerdoelen leiden, dan kun je nog kijken naar de blokdoelstellingen en de doelstellingen van de opleiding. Leerdoelen, die niet of moeizaam zijn in te passen in de doelen van het blok of de opleiding in het algemeen, komen het eerst in aanmerking om geschrapt te worden.

Belang Om te komen tot een goede gedachtewisseling in stap 7 is het van belang dat je duidelijke afspraken maakt over wat je in stap 6 – de zelfstudie – gaat doen.

De leerdoelen zijn ook van belang omdat ze je op het goede spoor zetten om de blokdoelstellingen te halen. De blokdoelstellingen bepalen de inhoud van de bloktoets. Deze stap en de volgende stappen zijn dus belangrijk voor de voorbereiding van de bloktoets.

Resultaat Als de leerdoelen zijn geformuleerd, is de voorbereiding – het eerste deel van het werken aan een taak of opdracht – afgesloten.

Na de bijeenkomst van de onderwijsgroep gaat ieder zijn eigen weg en bereidt zich voor op de volgende bijeenkomst (stap 6).

In de daaropvolgende bijeenkomst (stap 7) bespreek je de resultaten van stap 6.

Deel 2 Zelfstudie: stap 6

Beschrijving en samenhang met het voorafgaande
Nadat je een taak of opdracht hebt voorbereid in de onderwijsgroep, heb je gelegenheid om te studeren en de leerdoelen te behalen. Je bereidt je voor op de volgende bijeenkomst van de onderwijsgroep, daar worden de resultaten van je studie besproken.

Alle studenten werken aan alle leerdoelen. Daarvoor zijn de volgende redenen te geven.   *realiseren van leerdoelen*
- Alle leerdoelen zijn relevant en de stof, waar de leerdoelen toe leiden, maakt deel uit van de (blok)toets. Iedereen is er dus bij gebaat om zich met de hele stof bezig te houden.
- De nabespreking verliest haar kracht als niet iedereen alle leerdoelen heeft bestudeerd. Je kunt beter luisteren en weerwoord geven, als je je verdiept hebt in de stof.
- Je kunt je eigen misinterpretaties ontdekken en corrigeren.

Hoe ga je te werk?
Als je gaat studeren kijk je naar de probleemstelling (het resultaat van fase 2) en de leerdoelen (fase 5).

Je controleert voor jezelf of de samenhang tussen de probleemstelling en de leerdoelen duidelijk is. De leerdoelen zijn als het ware een specificatie van de probleemstelling; als je de leerdoelen hebt behaald is de probleemstelling opgehelderd.

Daarna vraag je je af in welke literatuur je informatie kunt vinden die   *literatuur selecteren*
van belang is bij de leerdoelen. Denk daarbij aan de (gangbare) handboeken van het vak of aan de discipline waar het onderwerp thuishoort. Via het register achter in het (hand)boek kom je tot de meest relevante passages. In een handboek vind je vaak de algemene, basale informatie (als achtergrond). Het is over het algemeen nuttig om daar mee te beginnen.

Vervolgens zoek je boeken of artikelen die specifiek over het onderwerp gaan. Hier worden meestal bepaalde elementen verder uitgewerkt. Ga na welke elementen dat zijn en op welke manier ze worden uitgewerkt.

Je maakt hierbij gebruik van de middelen, die de onderwijsinstelling ter beschikking stelt.

Als er een *literatuurlijst* gegeven is bij *elke* taak, dan gebruik je die. Zelf bepaal je eventueel de volgorde, waarin je de literatuur gaat bestuderen en je bekijkt hoe de verschillende teksten samenhangen.

Als er alleen een literatuurlijst gegeven is voor het *hele* blok of de module, dan maak je zelf eerst een keuze wat je voor deze taak of dit leerdoel gaat bestuderen.

Een eerste indicatie geeft de titel. Gebruik handboeken. Hanteer niet alleen zoekwoorden die ontleend zijn aan de probleemformulering of het leerdoel. Gebruik ook de *discipline* of het vak – waarin deze zaken behandeld worden – als zoekwoord.

Als het leerdoel gaat over het ontstaan van kustvormen, dan kun je natuurlijk woorden als 'kust' en 'kustvorming' als zoekwoord gebruiken. Maar het spreekt vanzelf dat je ook een handboek *Geografie* kunt raadplegen. Dat heeft als voordeel, dat je vaak in een kort tijdsbestek een goed overzicht krijgt van het onderwerp. Bovendien wordt het aangeboden in zijn *wetenschappelijke* context (het geheel van de geografie). Je krijgt aan de hand van dit voorbeeld (kustvorming) een – voorlopig/beperkt – beeld van wat geografie inhoudt. Bij een volgende taak uit diezelfde discipline wordt het beeld uitgebreid. Zo zie je de samenhang tussen onderwerpen van verschillende onderwijstaken, die met dezelfde discipline te maken hebben. Het handboek laat zien hoe deze in het geheel van die discipline samenhangen.

lezen in rondes

Als je de teksten geselecteerd hebt, ga je ze lezen. Lezen wil zeggen: actief lezen in rondes.

Wat bedoelen we met 'actief lezen in rondes'?

Wat actief lezen is hebben we al gezien bij stap 1: een tekst zo lezen, dat je na afloop de inhoud correct kunt weergeven. Maar nu willen we ook een antwoord vinden op de vraag welke tekst op dit moment voor ons van belang is. Welke tekst helpt ons de leerdoelen te behalen?

We gaan een tekst niet helemaal lezen, om er dan uiteindelijk achter te komen dat de tekst niet erg helpt om de leerdoelen te halen. We benaderen de tekst in rondes, van buiten naar binnen, stap voor stap.

1. Je concentreert je op het leerdoel en je stelt je de vraag: "Wat wil ik nu weten, wat verwacht ik van deze tekst met betrekking tot het leerdoel of de probleemstelling?"
2. Controleer aan de hand van achtereenvolgens de titel, de tussenkopjes (bij artikelen) en de inhoudsopgave (bij boeken) of de tekst de moeite waard is om op dit moment, later, of toch niet te lezen.
3. Als de tekst de moeite waard lijkt voor dit leerdoel: ga dan met name *die* delen lezen, die je het meest aanspreken en die het duidelijkst verband houden met het leerdoel.
4. Kijk daarna eventueel naar andere passages of je relevante informatie vindt voor het leerdoel.
5. Ga zo stap voor stap verder en vraag je iedere keer af: "Heeft deze stap iets opgeleverd voor het leerdoel?" Zo ja: wat precies? Of: "Kan ik hier nog verdere informatie verwachten?" Zo ja: ga dat dan na.

In hoofdstuk 7 gaan we uitvoerig in op deze techniek. Als je moeite hebt met deze manier van werken, als je andere vragen hebt over deze aanpak of als je niet tevreden bent met je leerresultaten, dan is het goed om dat te noteren en in de onderwijsgroep ter sprake te brengen.

Belang In deze fase experimenteer je en oefen je met zelfstandig studeren. Je leert om zelf je weg uit te stippelen en tot resultaten te komen.

Daarvoor zijn vele middelen en methoden ontwikkeld. Zie hiervoor ook hoofdstuk 7.

Deel 3 De nabespreking: stap 7

Beschrijving en samenhang met het voorafgaande
Na enige tijd komen de studenten in een volgende bijeenkomst van de onderwijsgroep weer bij elkaar.
Het eerste deel van de bijeenkomst is dan gewijd aan de bespreking van de leerresultaten van de afgelopen periode.

Hoe ga je te werk?
Iedereen krijgt de gelegenheid om zijn bijdrage in deze bespreking te leveren.
De bespreking bestaat uit de volgende elementen.

leerresultaten en leerervaringen

– De rapportage: men geeft kort en bondig aan *wat* men heeft gevonden, welke antwoorden op welke vragen die verband houden met de leerdoelen.
– De verwijzing: je geeft altijd aan *waar* je je gegevens hebt gevonden, zodat je zelf – maar ook de anderen – dat nog eens na kunt kijken.
– Je geeft aan *hoe* je die literatuur of informatie hebt gevonden.
– Je geeft aan wat je van die informatie *vindt*: vind je de informatie relevant, duidelijk?
– Eventueel breng je de *vragen*, waarmee je bent blijven zitten naar voren.
– Ook andere *studieproblemen*, vragen over hoe je met literatuur moet omgaan, waar je informatie kunt vinden enzovoort kun je naar voren brengen.

Belang In het hoger beroepsonderwijs leer je niet alleen inhoudelijke zaken, maar je *leert leren*. De inhoud is niet onbelangrijk: in de rapportage laten we zien, dat we die gevonden hebben.

leren leren

We besteden verder veel aandacht aan de vraag hoe we die hebben gevonden en of we tevreden kunnen zijn met het resultaat.
Op deze wijze ontwikkelen we onze competentie om zelfstandig een studie te ondernemen en oefenen we alle deelvaardigheden die in dat kader van belang zijn.
Deze deelvaardigheden hebben vooral te maken met:
– de *methode*: om een taak via een weloverwogen, gefundeerde aanpak te benaderen
– het *kritisch vermogen*: om je manier van werken en de resultaten te beoordelen en je daarover een oordeel te vormen. In hoeverre was je manier van werken en het resultaat goed of in hoeverre kun je het een of ander nog verbeteren?

> In veel opleidingen is het praktijk studenten bij elke taak een literatuurlijst te geven. Dat spaart tijd.

Maar op die manier wordt de studenten een mogelijkheid ontnomen om zelf literatuur te zoeken en te selecteren en dus deze belangrijke vaardigheid – die ze nodig hebben als ze later hun beroep uitoefenen – te ontwikkelen.

Als een professional een artikel of rapport gaat schrijven, is het zoeken en vinden van geschikt materiaal een belangrijke en moeilijke zaak. Men verwacht wel van de studenten dat ze in staat zijn zelfstandig zaken uit te zoeken en dat ze zelf het benodigde materiaal boven tafel kunnen krijgen. Daarom is het goed dat studenten die zich hierop voorbereiden, dergelijke zaken van begin af aan oefenen.

Je kunt deze vaardigheid ook alleen maar ontwikkelen door te oefenen; probleemgestuurd onderwijs stelt je in staat om te oefenen. Docenten geven tips hoe je vaardigheden verder kunt ontwikkelen.

Je bespreekt je ervaringen met andere studenten, zo help je elkaar bij de ontwikkeling van de vereiste competenties. Aangezien dit iedere keer weer terugkomt in het 'studentgecentreerd' onderwijs, zul je zien dat je binnen vrij korte tijd goede resultaten behaalt.

3 De praktijk van de 7-sprong

Ik wil nu uiteenzetten hoe de methode van de 7-sprong wordt toegepast in de onderwijsgroep.

In de lijn van het studentgecentreerde karakter van probleemgestuurd onderwijs staan de activiteiten van de studenten centraal. Dat heeft consequenties voor de rolverdeling.

Een van de studenten neemt de rol van voorzitter op zich, een andere student treedt op als notulist. De docent – als tutor – heeft een meer begeleidende rol. De wijze waarop hij deze rol vervult, hangt af van het niveau van de groep. In het begin van de opleiding zal de docent voordoen hoe de rol van voorzitter en notulist vervuld kan worden; hij is dan een soort model, een voorbeeldfiguur, aan wie je je kunt spiegelen. De eerste keren zal de tutor vaak ook de rol van voorzitter, gespreksleider en notulist op zich nemen. De studenten gaan zo snel mogelijk zelf de rollen van voorzitter en notulist vervullen, dan heeft de tutor een meer begeleidende rol.

3.1 De rollen van de studenten en de docent

Ik laat nu de procedure van de 7-sprong zien en schets de taken die horen bij de verschillende rollen van de studenten en de docent. Ik beschrijf eerst deze taken in het algemeen en laat dan zien wat dat betekent bij elke stap van de 7-sprong.

3.1.1 De voorzitter

Een van de studenten neemt de rol van voorzitter op zich. Het is een goed gebruik, dat elke student tijdens een blok een keer deze rol vervult. Het vervullen van deze rol is niet alleen maar nuttig voor een goed verloop van een onderwijsgroepsbijeenkomst, maar het is ook een belangrijk leermoment. In veel beroepen is samenwerking immers erg belangrijk; daarom is het nuttig dat je de verschillende rollen in een samenwerkingsproces leert vervullen. De enige manier om dat te leren is: doen!

De taak van de voorzitter ligt vooral op *metaniveau*. De voorzitter vervult als het ware de rol van een dirigent van een orkest: hij speelt zelf niet mee,

metaniveau

maar zorgt ervoor dat alle orkestleden op een goede manier hun bijdrage kunnen leveren en hun rol kunnen vervullen.

Om dat goed te doen zal hij de volgende activiteiten ontplooien.
- Structureren van de bijeenkomst:
  - hij opent en sluit de bijeenkomst
  - hij bepaalt de agenda
  - hij opent en sluit elk onderdeel.
- Structureren van de discussie:
  - hij geeft iemand het woord
  - hij zorgt ervoor dat men niet door elkaar praat
  - hij zorgt ervoor dat men kan uitpraten.
- Stimuleren van de discussie:
  - hij vraagt door: weet men nog iets meer, kan men een voorbeeld geven?
  - hij nodigt iemand uit om iets te zeggen: wil jij hier iets aan toevoegen?
- Bewaken van 7-sprong:
  - hij opent duidelijk elke fase en stelt een goede startvraag om de discussie te openen
  - hij zorgt ervoor dat gedaan wordt wat bij de desbetreffende fase hoort
  - hij zorgt ervoor dat men nalaat wat niet bij een fase hoort; hij zal bijvoorbeeld geen discussie toestaan in fase 3
  - hij sluit elke fase duidelijk af, zo nodig vat hij de belangrijkste punten samen.
- Bewaken van de tijd:
  - bij de agenda geeft hij een globale tijdsindeling
  - hij zorgt ervoor dat die tijdsindeling – zo veel mogelijk – wordt aangehouden
  - als blijkt dat dat niet lukt zal hij dit tijdig onder de aandacht brengen en met de andere groepsleden bespreken hoe hiermee om te gaan.

3.1.2 De notulist

De notulist treedt vooral op tijdens de stappen 2 tot en met 5 van de 7-sprong.

Ook de notulist heeft een functie op metaniveau. Hij zal zich bij voorkeur niet direct inhoudelijk in de discussie mengen; zo draagt hij bij aan een goed verloop van de 7-sprong.

3.1.3 De tutor

De rol van tutor wordt meestal vervuld door een docent. In sommige opleidingen is het gebruikelijk dat ook ouderejaarsstudenten de rol van tutor vervullen.

De tutor heeft tot taak om het proces tijdens de onderwijsgroep te ondersteunen. Zo gauw als en in de mate waarin de studenten ertoe in staat zijn, laat de tutor de studenten het werk doen.

faciliteren

Als je een beroep op de tutor wilt doen kun je dat het beste via de voorzitter doen. Je laat de voorzitter weten dat je een bepaalde vraag aan de tutor wilt stellen. De voorzitter kan dan eventueel eerst vragen of een van de studenten in staat is de vraag te beantwoorden.

Op zijn beurt richt de tutor zich over het algemeen ook via de voorzitter tot de groep. Op deze wijze komt het studentgecentreerde karakter van het probleemgestuurd onderwijs tot zijn recht. De voorzitter kan dan de afweging maken of hijzelf – met de andere studenten – duidelijkheid wil verschaffen in de situatie of dat hij gebruikmaakt van het aanbod van de tutor.

Ook de rol van de tutor bevindt zich op metaniveau en heeft tot doel het werk van de studenten in de onderwijsgroep te *faciliteren,* soepel te laten verlopen. Zijn taak is de voorzitter in zijn werk te ondersteunen; niet door voor te zeggen wat hij moet doen, maar door zo veel mogelijk te laten zien hoe een oplossing kan worden gevonden.

De tutor vervult die taak met betrekking tot de methode van de 7-sprong, het samenwerkingsproces en de inhoud van de taak.
– De tutor let erop dat de methode van de 7-sprong correct wordt uitgevoerd.
– Hij let erop dat het karakter van elke stap tot zijn recht komt en dat de samenhang tussen de stappen voor iedereen duidelijk is.
– Hij let erop dat iedereen op een goede manier bijdraagt aan het groepsproces.
– Hij let erop dat de inhoud tot zijn recht komt, dus dat
  • men bij het *onderwerp* blijft
  • men op een goede *manier* aan het onderwerp werkt
  • men voldoende *diepgang* bereikt.

Soms heeft de tutor ook een specifieke taak met betrekking tot de inhoud. In sommige opleidingen functioneert hij als bron van informatie tijdens casusbesprekingen (zie hfdst. 4.2, laatste deel: casus).

3.1.4 De overige leden

De overige leden van de onderwijsgroep zijn verantwoordelijk voor het groepsproces. Ze stellen zich actief op, zowel door iets te zeggen, als door de manier waarop ze luisteren.

actieve opstelling

– Ze laten zien dat ze geïnteresseerd zijn. Ze beseffen dat de onderwerpen en de manier van werken belangrijk zijn voor hun ontwikkeling.
– Zij leveren een inhoudelijk goede bijdrage aan de discussies.
– Ze beseffen het belang van het onderwerp.
– Bij de nabespreking laten ze zien dat ze de zaak goed hebben voorbereid.

3.2 De procedure van de 7 stappen

Aan de hand van een voorbeeld wil ik laten zien hoe de gang van zaken in een onderwijsgroep verloopt. We gaan uit van een *trainingssituatie.* De taak is daarvoor geschreven en is niet ontleend aan een bepaald onderwijsprogramma. We hebben gekozen voor een onderwerp waar iedereen wel iets van weet.

Na de taak wordt bij elke fase beschreven wat elke deelnemer vanuit zijn rol doet.

Bruno

Bruno is voor de eerste keer met zijn ouders in Portugal. Zijn liefste wens was om een keer naar het strand te gaan, want in Italië – daar komt hij vandaan – komt dat er niet vaak van omdat ze nogal ver van zee wonen. Al gauw heeft hij wat andere kinderen gevonden om mee te spelen. De communicatie verloopt soepel. Ze slagen er in de verschillen tussen het Portugees en Italiaans te overbruggen. Ze beginnen te graven en bouwen een burcht met een slotgracht.
Als het werk bijna klaar is, stelt Bruno voor om water uit de zee te scheppen om zo de gracht om hun kasteel met water te vullen. De anderen hebben blijkbaar geen zin om zich druk te maken en roepen: "Dat komt straks vanzelf wel!" Bruno denkt even dat ze hem in de maling nemen. Dat water komt toch niet zomaar in de gracht? Een van de anderen ziet zijn vertwijfeling en zegt: "Het is zo vloed!" Als hij ziet dat deze opmerking niet meteen het gewenste effect bij Bruno heeft, vraagt hij: "Je weet toch wel wat vloed is?" Voor hij kan antwoorden roept een van de jongens: "Natuurlijk weet hij dat, eb en vloed heb je toch overal!"
"O ja?", zegt een ander.

Deel 1 De voorbereiding: stap 1 tot en met 5

Doel van de voorbereiding

oefenen van vaardigheden

Het doel van de voorbereiding is, dat je je oefent in een methodische benadering van een probleem.

Deze benadering bestaat uit verschillende stappen, die alle specifieke vaardigheden veronderstellen. Deze vaardigheden oefen je als je die verschillende stappen zet. Je zult deze vaardigheden ook op andere momenten van je studie kunnen gebruiken. Bijvoorbeeld fase 1 is iedere keer weer een oefening in het nauwkeurig lezen en het precies verwoorden van wat je gelezen hebt. Deze vaardigheid is van belang in elke situatie waar je met teksten te maken hebt.

Het is dus niet juist om de voorbereidingsfase (stap 1 t/m 5) alleen maar te beschouwen als een (om)weg om *leerdoelen te produceren*. De formulering van leerdoelen is maar één element in de voorbereiding. De andere elementen – bijvoorbeeld ideeën produceren (fase 3) en het leren structureren in fase 4 – zijn minstens zo belangrijk.

Stap 1 Verduidelijken van de tekst en verklaren van moeilijke woorden
De *voorzitter* vraagt of iedereen de tekst gelezen heeft.

Als dat het geval is, vraagt hij of iemand in eigen woorden de strekking van de tekst wil weergeven. Terwijl iemand dat doet, luisteren de overige leden en controleren of de tekst correct wordt weergegeven.

De voorzitter vraagt of iedereen zich kan vinden in de wijze waarop de tekst is weergegeven en vraagt of er nog moeilijke woorden of andere onduidelijkheden in staan.

Als dat het geval is, worden die verduidelijkt en wel zover als nodig is om de tekst te begrijpen.

Als een moeilijk woord te maken heeft met de kern van de taak, dan komt men daar in fase 3 op terug.

Als alles duidelijk is sluit de voorzitter deze fase af en gaat over naar fase 2.

De *notulist* blijft in deze fase meestal gewoon op zijn plaats zitten. Als er al moeilijke woorden zijn die men wil opzoeken, dan noteert iedereen die voor zichzelf.

De *tutor* ziet er in deze (en in de volgende fasen) op toe dat het proces soepel verloopt. Over het algemeen zal hij in deze en in de volgende fasen weinig van zich laten horen.

Als er een woord in de tekst staat dat de studenten niet kennen, dan kan hij de betekenis kort aangeven, als dat van belang is voor het begrijpen van de tekst.

Als het woord van belang is voor de inhoud van de *taak,* dan komt het in fase 3 (en verder) weer terug en zal het ook een plaats krijgen in de leerdoelen.

Stap 2 Bepalen van de aard van de taak en het definiëren van het probleem
De *voorzitter* vraagt wat de inhoudelijke kern is van de taak en wat voor soort taak het is. Als de groep fase 1 met succes heeft gedaan, zal dit meestal geen problemen opleveren.

In een reële onderwijssituatie komt daar nog bij dat men zich bewust is in wat voor soort opleiding men zit en wat de *blokdoelstellingen* zijn. Ook deze gegevens sturen je in een bepaalde richting.

In een trainingssituatie wordt de taak los van dat verband aangeboden. Het kan dan gebeuren dat men problemen heeft met het beantwoorden van de vraag, met wat precies de probleemstelling is.

We veronderstellen, dat dit een taak is uit een curriculum voor een lerarenopleiding geografie en thuishoort in een blok over het zonnestelsel en de plaats van de aarde daarin. Het zal nu duidelijk zijn, dat de inhoud waar het hier om gaat de *verschijnselen van eb en vloed* zijn.

Als je de tekst goed leest, zie je dat de meeste zinnen iets te maken hebben met eb en vloed of ten minste met zaken, die daarmee in verband gebracht kunnen worden.

In Portugal (anders dan in Italië) heb je eb en vloed, strand, zee enzovoort.

Dan komt er een vraag naar voren: hoe komt het water uit de zee bij de burcht?

Bruno denkt dat dit met een emmertje water moet gebeuren. De Portugese kinderen willen de vloed het werk laten doen.

Dit roept de vraag op: Hoezo? Dus: Hoe zit dat precies met eb en vloed? Wat moet men met dit verschijnsel? *Verklaren*!

aard van de taak

Sommige docenten pleiten ervoor om aan het eind van een taak uitdrukkelijk te laten uitkomen wat voor soort taak het is.

Zij zouden er bijvoorbeeld aan toevoegen, dat Bruno het echt niet begrijpt en iemand om uitleg vraagt. Dan is het (over)duidelijk dat de studenten die taak op zich moeten nemen en moeten zorgen voor ... een verklaring!

Andere docenten vinden dat uit de structuur van dit verhaal al duidelijk genoeg naar voren komt dat hier een uitleg van een verschijnsel of een verklaring gevraagd wordt.

Bruno lijkt niet te snappen hoe het water in de gracht komt, dat verdient een goede uitleg.

Ook de opmerking, dat je overal eb en vloed hebt en de twijfel die uit de laatste zin spreekt, stuurt in de richting van een verklaring: alleen dan kun je namelijk duidelijk maken of die opmerking – overal heb je eb en vloed – of de twijfel in de laatste zin, terecht is.

formuleren van de probleemstelling

De probleemstelling kan op verschillende manieren *geformuleerd* worden.

In een wat algemene formulering: verklaar de verschijnselen eb en vloed!

In een meer beperkte formulering: verklaar hoe het water in de gracht kan komen (zonder menselijke interventie)!

In de praktijk kun je met beide formuleringen uit de voeten.
– Enerzijds: als je het verschijnsel eb en vloed verklaart, ben je ook in staat om uit te leggen hoe het water in de gracht komt, zonder dat je zelf met emmertjes water loopt te sjouwen.
– Anderzijds: een goed antwoord op de vraag "Hoe komt het water in de gracht (zonder menselijke interventie)?", kan alleen maar gegeven worden door een uiteenzetting over eb en vloed.

Strikt genomen is de laatste formulering een probleemstelling die hoort bij een *verklaringstaak*.

Je hebt dan de noodzakelijke elementen, een *concreet* verschijnsel: het water komt in de gracht.

Dit verschijnsel verklaar je door gebruik te maken van *algemene* inzichten in (natuur)wetmatigheden (de wisseling der getijden).

De voorzitter vraagt of iedereen zich in de formulering kan vinden.

De notulist noteert de probleemstelling op het bord (of op de flap-over).

De tutor let erop dat de formulering van de probleemstelling zodanig is, dat de studenten in alle waarschijnlijkheid in de goede richting gestuurd worden. Als hij vermoedt dat de studenten door de formulering van de probleemstelling op een dwaalweg komen, zal hij in de regel ingrijpen.

Stap 3 Analyseren van het probleem
Als de probleemstelling op het bord staat, nodigt de voorzitter de leden van de groep uit om gedachten naar voren te brengen, die iets te maken hebben met de verschijnselen eb en vloed en die mogelijk gebruikt kunnen worden bij een verklaring van die verschijnselen.

De voorzitter
De voorzitter kan verschillende technieken toepassen om de discussie op gang te houden of te verdiepen.
– doorvragen:
  - kun je er wat meer over vertellen?
  - is dat altijd/overal zo?
  - kun je een voorbeeld geven?
– kritisch vragen:
  - is iedereen het hiermee eens?
  - heeft iemand een andere opvatting?
– andere informatie:
  - teruggaan naar de probleemstelling: laten we nog eens naar de probleemstelling kijken
  - teruggaan naar de tekst: staan er in de tekst nog zaken die we niet (voldoende) hebben belicht? (Bijvoorbeeld de vraag: heb je overal eb en vloed; ook in Italië?)

Het is niet de bedoeling dat men in deze fase met elkaar in discussie gaat. De voorzitter zorgt er dus voor dat de kritische vragen niet leiden tot discussie, maar tot een inventarisatie van uiteenlopende meningen.

Het is goed om deze fase ongeveer 15 minuten te laten duren. Als er te lang wordt doorgegaan, wordt het vervelend. Maar ook als men heel veel naar voren brengt, ziet men dat in 15 minuten de belangrijkste zaken wel gezegd zijn.

Het is eventueel nuttig als de voorzitter voor de (definitieve) afsluiting (bijv. na 10 minuten) vraagt om even een pas op de plaats te maken en na te gaan of alle belangrijke zaken zijn gezegd of dat men iets wezenlijks mist.

De notulist
De notulist heeft tot taak de discussie te volgen en de inhoud weer te geven op een bord of flap-over.

Hij maakt aantekeningen op het bord of op de flap-over, zodat deze aantekeningen voor iedereen zichtbaar zijn.

De notulist noteert kort en bondig alles wat gezegd wordt.   kort en bondig
Deze weergave moet duidelijk zijn.
– In duidelijke bewoordingen en niet alleen maar in steekwoorden.
– Als er duidelijke verbanden gelegd worden laat hij die uitkomen.
– Als een relatie niet duidelijk is wordt de opmerking apart genoteerd.

- Als hij het niet bij kan houden dan laat hij het (aan de voorzitter) merken.
- Als hij niet zeker weet hoe of wat hij moet opschrijven vraagt hij dat, bij voorkeur aan de voorzitter.
- Zaken die duidelijk bij elkaar horen noteert hij bij elkaar. Als hij niet weet waar opmerkingen mee te maken hebben, dan schrijft hij ze gewoon achter elkaar op. In fase 4 wordt dan bekeken waar ze precies thuishoren.
- Als iets discussie lijkt op te roepen, bijvoorbeeld bij tegengestelde meningen, dan noteert hij beide meningen, voorzien van een uitroepteken of vraagteken, om aan te geven dat men in stap 4 de kwestie nader moet bespreken.

De tutor
De tutor dient alert te zijn. Als de groep echt iets wezenlijks heeft gemist, kan het nadelige gevolgen hebben voor de rest van hun werk. Hij zal dan laten zien hoe de studenten op de vereiste ideeën hadden kunnen komen.
Hij zal dit doen door aan te haken bij:
- de tekst van de taak
- hetgeen door een van de studenten is gezegd
- dat wat op het bord staat.

Op die manier krijgen de studenten als het ware een voorbeeld van hoe zijzelf ook deze punten hadden kunnen vinden.

Als de discussie in een richting gaat die niet (zo) relevant is, dan zal hij dat laten merken.

Als de discussie onvoldoende op gang komt kan hij eventueel samen met de studenten nog eens teruggaan naar de tekst van de taak en met hen aanwijzingen inventariseren, die vragen oproepen en de discussie op gang kunnen brengen. Uiteraard kan de voorzitter dit ook eerst doen!

Stap 4 Toetsen en systematisch ordenen van wat in fase 3 naar voren is gebracht
Als men in stap 3 voldoende gedachten geïnventariseerd heeft, dan probeert men daar een structuur in aan te brengen.

De voorzitter
Allereerst vraagt de voorzitter of alles wat in stap 3 naar voren is gebracht duidelijk is; zo nodig wordt een verduidelijking gegeven.

Dan vraagt hij of alles relevant is. Wat niet relevant is, wordt geschrapt of tussen haakjes gezet.

Het kan namelijk zijn dat iemand iets gezegd heeft wat bij nader inzien niet van toepassing is, het wordt dan geschrapt.

selecteren

Het kan ook zijn dat iemand iets gezegd heeft, dat op zich wel met de problematiek te maken heeft, maar de studie te ver zou voeren (gezien de aard van het blok, de opleiding of anderszins). In dat geval wordt het tussen haakjes gezet. Daarmee geef je aan: het speelt nu voor ons als groep geen directe rol, maar in beginsel heeft het wel met de probleemstelling te maken. Het is altijd nuttig om een probleem in zijn context en in al zijn verbanden te zien. Bovendien kan het zijn dat het later in de opleiding wel een rol speelt.

De voorzitter vraagt daarna of iemand een suggestie heeft voor een structuur. *structureren*
    Hij doet dat door weer te wijzen op de probleemstelling (fase 2) en vraagt welke drie of vier steekwoorden of clusters de belangrijkste hoofdstukken van de gevraagde verklaring kunnen aanduiden.
    Als fase 3 geslaagd is, vindt men daarin bijvoorbeeld:
- Een cluster hemellichamen: zon – maan – aarde; de invloed van de zon en de maan op het verschijnsel eb en vloed.
- Een cluster lokale verschillen op aarde (oceanen – binnenzeeën, enz.).
- Een cluster effecten (kustvorming – flora – fauna, enz.).

De voorzitter vraagt de groep of in een dergelijke driedeling alle elementen van stap 3 ondergebracht kunnen worden.
    Eventueel leidt dat ertoe dat men nog een vierde cluster invoert. Bijvoorbeeld 'definitie': geef een definitie of beschrijving van eb en vloed, de verschillende soorten eb en vloed; springvloed, doodtij enzovoort.

Als een dergelijk schema op het bord staat, vraagt de voorzitter of het voor iedereen duidelijk is. Het is van belang dat iedereen inziet, dat het uitwerken van die clusters hetzelfde is als het (in stappen) beantwoorden van de centrale opdracht: het leveren van de gevraagde verklaring van eb en vloed, of: hoe het zeewater zonder menselijk toedoen in de gracht komt.

De notulist
De notulist volgt de aanwijzingen van de groep en zorgt ervoor dat het schema correct op het bord komt.

De tutor
In het begin van de opleiding heeft de groep vaak moeite met deze fase. Het kan dan nuttig zijn als de tutor hier een helpende hand biedt, niet door oplossingen aan te dragen, maar door methoden aan te bieden, waardoor de studenten in staat zijn een volgende keer wel een structuur aan te brengen in het materiaal dat ze in fase 3 naar voren hebben gebracht.
    Het verdient aanbeveling dat de tutoren hier het opzetten van de structuur van een werkstuk als voorbeeld nemen.

Stap 5 Formuleren van leerdoelen
De studenten formuleren nu wat ze gaan bestuderen om de gevraagde verklaring te kunnen leveren.
    De leerdoelen worden afgeleid uit het schema dat in fase 4 is geproduceerd. Stel dat in fase 4 naar voren is gebracht dat het zonnestelsel – met name zon en maan – een rol speelt bij eb en vloed. Het kan dan een leerdoel zijn dat men die invloed nader gaat bestuderen en dat men precies gaat uitzoeken hoe zon en maan samen verantwoordelijk zijn voor het verschijnsel eb en vloed.

Een ander leerdoel kan bijvoorbeeld afgeleid zijn van een ander cluster: de wetmatigheden op aarde, zoals de rotatie van de aarde.

> In sommige opleidingen worden twee soorten leerdoelen geformuleerd: *theoretische* en *praktische* leerdoelen.
> De theoretische leerdoelen worden behaald door literatuurstudie. De praktische leerdoelen, die inhoudelijk nauw aansluiten aan de theoretische, worden behaald in samenhang met het vaardighedenonderwijs. In dat geval zijn tussen de twee bijeenkomsten van de onderwijsgroep een of meer bijeenkomsten van de vaardigheidsgroep gepland. In deze bijeenkomst(en) oefen je onder begeleiding van een docent een vaardigheid. Aansluitend ga je in kleine groepjes zelfstandig oefenen. In de afsluitende bijeenkomst van de onderwijsgroep breng je dan niet alleen verslag uit van je leerervaringen van de theoretische, maar ook van de praktische leerdoelen.
>
> Stel dat de theoretische leerdoelen gaan over bepaalde sportblessures en de praktische over het diagnosticeren van die blessures, dan is het duidelijk dat dit twee kanten van een zaak zijn en dat het een het ander versterkt.
> In hoofdstuk 6 gaan we verder in op het vaardighedenonderwijs.

De tutor controleert de leerdoelen. Als ze niet in overeenstemming zijn met de leerdoelen zoals die zijn bedoeld door de opstellers van de taak, dan zal hij dat in de regel duidelijk maken.

Deel 2 Zelfstudie: stap 6

Na afloop van de bijeenkomst en voor de volgende bijeenkomst gaan de studenten aan de slag om de leerdoelen te behalen. Het is gebruikelijk dat alle studenten werken aan alle leerdoelen.

De hele stof is immers van belang (en is mogelijk onderdeel van de toets). Bovendien zit er vaak een logische samenhang in de leerdoelen. Je kunt een tweede of derde leerdoel los van de andere niet goed bestuderen. Tenslotte is het zo dat de discussie in de nabespreking niet goed uit de verf komt als niet iedereen alle leerdoelen heeft bestudeerd. In hoofdstuk 7 besteden we uitvoerig aandacht deze fase.

Deel 3 De nabespreking: stap 7

Doel van de nabespreking
In de volgende bijeenkomst van de onderwijsgroep wordt de taak, die je de vorige keer hebt voorbereid en waar je de afgelopen dagen aan gewerkt hebt, nabesproken. De nabespreking wordt ook vaak *rapportage* genoemd. Men heeft dan gelegenheid om verslag uit te brengen van wat men heeft bestudeerd en om elkaar te informeren.

Als je iets bestudeert, is het van belang dat je de inhoud begrijpt en onthoudt. Dat houdt in dat je wat in de boeken staat als het ware naar je zelf toe vertaalt. Je past wat je bestudeerd hebt in in jouw begrippenkader, zodat jij ermee kunt werken. Als je daarin slaagt, kun je zeggen dat je wat je bestudeerd hebt, echt begrijpt. Dat is te controleren, want je bent dan bijvoorbeeld in staat om die stof aan anderen uit te leggen, in je eigen woorden erover te vertellen en er zelf voorbeelden of toepassingen bij te geven.

vertaling naar eigen begrippenkader

In de nabespreking controleer je of dat gelukt is: ben je inderdaad in staat dat, wat je hebt gelezen, aan anderen te vertellen en uit te leggen? Je controleert ook of de vertaling naar je eigen begrippenkader correct is verlopen.

Het kan zijn dat je je vergist hebt en dat je iets niet correct hebt geïnterpreteerd. In de nabespreking gaat het erom dat je jezelf test: "Is dat vertaalproces bij mij geslaagd, is het me gelukt dat wat ik in de literatuur heb gelezen correct in te passen in het begrippenkader, dat ik in mijn hoofd had?"

Daarom vertel je in de nabespreking niet alleen *wat* je gelezen hebt, maar vooral ook *hoe* je het begrepen hebt, hoe je het geïnterpreteerd hebt, wat je er volgens jou mee kunt doen, hoe je die kennis kunt toepassen. Je geeft zo mogelijk eigen voorbeelden of een korte toelichting.

Als de anderen daarmee akkoord gaan, kun je er vrij zeker van zijn dat je de stof inderdaad goed begrepen hebt.

Als je interpretaties betwist worden, of als het zou blijken dat je iets niet goed hebt geïnterpreteerd, dan kun je je helemaal gelukkig prijzen. Het is immers beter om in een onderwijsgroep te constateren dat je interpretatie niet correct was, want dan kun je op het juiste spoor gezet worden en vragen op welke wijze je een volgende keer dergelijke vergissingen kunt voorkomen. Als je die mogelijkheid tot correctie niet zou benutten is de kans groot dat je met de toets tegen de lamp loopt en dat is veel vervelender. Nog vervelender zou zijn als je met bepaalde misinterpretaties in je hoofd blijft rondlopen.

test

Het is belangrijk dat je het zegt als je er niet in slaagt om zelf voorbeelden te bedenken of als je op andere punten niet helemaal zeker bent. Dan kan een van de andere studenten een voorbeeld of verduidelijking geven.

Sommige studenten hebben er wat moeite mee om dat soort vragen te stellen; realiseer je dat het normaal is in een leerproces dat je vragen stelt. Sterker nog, je zult vaak merken dat de rest van de groep je dankbaar is. Het is namelijk vaak zo dat er wel meer mensen in de groep zitten die enige verduidelijking kunnen gebruiken, maar die dat niet durven te zeggen.

Als je in de nabespreking een bepaalde vraag niet kunt oplossen, spreek dan af wat je – na afloop van de bijeenkomst – gaat doen:
– ga je de stof nog een keer bestuderen?
– ga je een inhoudsdeskundige raadplegen?

– spreek af of en hoe je in een volgende bijeenkomst erop terugkomt.

De rollen van de student en de docent bij de nabespreking

De voorzitter
De voorzitter opent de nabespreking (fase 7) door even terug te verwijzen naar de probleemstelling van de taak waar de studenten de afgelopen dagen aan gewerkt hebben.
Hij noemt kort de leerdoelen, of in ieder geval het eerste leerdoel en vraagt wie hij daarover het woord mag geven.

Een van de deelnemers vertelt kort en bondig:
- wat hij over dat leerdoel aan informatie gevonden heeft
- waar deze informatie te vinden is
- wat hij ervan vindt: is de informatie relevant, nuttig of hetzelfde als ergens anders beschreven staat
- of en hoe hij de informatie begrepen heeft, eventueel met voorbeelden of toepassingen en
- hij vraagt of er nog onduidelijkheden zijn.

Vervolgens vraagt de voorzitter of anderen nog iets toe te voegen hebben en de vragen kunnen verduidelijken.
Op deze wijze worden de leerdoelen achtereenvolgens behandeld.
Als alle leerdoelen besproken zijn vraagt de voorzitter – als een laatste controle – of alles voldoende duidelijk is.
Als er nog vragen zijn die tijdens deze nabespreking niet opgehelderd konden worden, dan spreekt men af wat men met die onduidelijkheden gaat doen:
- proberen zelf alsnog een oplossing te vinden
- een inhoudelijk deskundige raadplegen.

De notulist
Over het algemeen werkt men in deze fase zonder notulist; iedereen heeft immers zijn eigen aantekeningen. Iedereen kan daarbij aanvullingen maken die voor hem nuttig zijn.
Het is handig om bij het maken van aantekeningen tijdens de zelfstudie ruimte te laten voor aanvullingen.

De tutor
Aan de hand van de tutorhandleiding controleert de tutor of de bespreking wat betreft inhoud correct verloopt. Als dat niet zo is of als hij twijfelt, kan hij de groep adviseren de inhoudsdeskundige te raadplegen.

3.3 Leren in een leerklimaat

Een probleemgestuurd of studentgecentreerd curriculum is erop gericht om bepaalde competenties te verwerven. Competenties hebben de volgende componenten.

- Kennisinhoudelijk: je *weet* bepaalde zaken op grond van je wetenschappelijke ontwikkeling.
- Praktisch: op grond van die kennis kun je *handelen* en voor dit handelen heb je de praktische bekwaamheid ontwikkeld.
- Sociaal-emotioneel: je bent in staat om die inzichten en het handelen in *samenwerking* met anderen tot uitdrukking te brengen.

Al deze componenten zijn onlosmakelijk met elkaar verbonden en essentieel voor een moderne professional.

Professioneel gehandicapt

Wat heb je aan een verkoper die alles weet van zijn producten, maar niet met zijn klanten kan omgaan?

In dienstverlenende organisaties komen de producten in samenwerking met de klant tot stand. De kwaliteit van het product hangt af van de samenwerking met de klant. Elke professional werkt altijd op een of andere manier samen: met zijn collega's, met zijn klanten, met anderen.

Je kunt natuurlijk wel zeggen dat iemand die niet kan samenwerken, maar heel goed is in zijn vak en alles weet, ook heel belangrijk kan zijn. Inderdaad, maar het zal duidelijk zijn dat zo'n persoon op zijn minst sociaal-emotioneel gehandicapt is en dus op z'n minst voor een deel van zijn beroepsuitoefening gehandicapt is. De huidige opleidingen zijn er niet op uit om 'professioneel gehandicapten' af te leveren en de beroepswereld zit steeds minder te wachten op 'vakidioten' of op mensen die niet volledig competent zijn.

In het huidige hoger beroepsonderwijs staat een *brede ontwikkeling* van de student centraal. In het nu volgende gaan we in op enkele voorwaarden, die dit mogelijk maken.

3.3.1 Het juiste leerklimaat

Leren is een kwestie van doen, experimenteren, uitproberen en dus van fouten maken.

leren is experimenteren

Leren heeft drie componenten: kennisinhoudelijk, sociaal emotioneel en praktisch. Dat impliceert dat je op die drie niveaus zult experimenteren en op drie niveaus fouten kunt maken.

Sommige mensen vinden het al moeilijk om toe te geven dat ze iets niet weten, terwijl zij zich realiseren dat niemand alles weet en dat het geen schande is om iets niet te weten. Het is voor veel mensen nog veel moeilijker om te ervaren dat ze op sociaal-emotioneel vlak iets niet kunnen, ook al weten ze dat je dat alleen maar kunt leren door te oefenen en dus ook door fouten te maken.

Vaak hebben studenten in het begin van de opleiding het gevoel dat ze 'afgaan als een gieter', als ze iets moeten leren, wat ze nog niet kunnen en logischerwijs nog niet goed doen. Terwijl ze weten dat je juist naar de opleiding gaat om iets te leren wat je nog niet kunt en wat je dus moet 'oefenen met vallen en opstaan'.

> In het begin van veel opleidingen wordt aandacht besteed aan het *samenwerken in de onderwijsgroep*. Al snel wordt dan gevraagd of een van de studenten de rol van voorzitter of gespreksleider op zich wil nemen. Als je zo'n situatie hebt meegemaakt, dan weet je je waarschijnlijk nog goed te herinneren, dat lang niet iedereen even happig was om die rol op zich te nemen. Het is heel normaal dat men drempels moet overwinnen om dat soort zaken te doen.
> Deze drempel wordt extra hoog als het klimaat, waarin dat gevraagd wordt, niet gunstig is.
> Als je het sterke gevoel hebt dat je wordt 'afgemaakt' als je iets niet goed doet, dan bedenk je je wel tien keer, voordat je 'je nek uitsteekt'.
> Als het klimaat in de groep echter gunstig is, ben je eerder bereid tot experimenteren, omdat je je realiseert dat de groep niet over je heen valt, ook als je iets niet helemaal goed doet. Integendeel, als je bijvoorbeeld de rol van gespreksleider op je neemt, dan is dat niet alleen als een nuttig leermoment voor jou, maar voor de hele groep.

Een veilig leerklimaat in de (onderwijs)groep betekent, dat iedereen zich vrij voelt om te experimenteren en om fouten te maken. Een dergelijk klimaat is van eminent belang om alle componenten van het leren tot hun recht te laten komen en om de vereiste competenties te ontwikkelen.

teambuilding

In veel opleidingen wordt aandacht besteed aan samenwerking in de groep. Doel van dit onderdeel is niet alleen dat studenten theoretische en praktische inzichten en vaardigheden ontwikkelen, maar eigenlijk is het tegelijkertijd een vorm van 'teambuilding'. De onderwijsgroep wordt omgesmeed tot een echte groep, met gemeenschappelijke doelen en gevoelens van gemeenschappelijkheid en solidariteit. Men heeft het gevoel dat men samen een klus te klaren heeft en dat problemen niet (uitsluitend) problemen van afzonderlijke individuen zijn, maar de hele groep aangaan.

Dit klinkt mogelijk wat soft, maar er zijn tal van praktische voorbeelden te geven.

> Een student vindt dat hij niet in staat is om zich in de discussies in de groep te mengen.
> Je kunt dat zien als het probleem van die ene student; jammer voor hem, maar dat is zijn zaak. Je kunt het ook als een zaak van de groep zien.

Doordat de student zich niet in de discussie mengt, mist de hele groep immers zijn inbreng, die mogelijk heel waardevol is.
Dus: als student X zich nauwelijks of niet in de discussie mengt, dan breng je dat ter sprake. Uiteraard niet als verwijt of beschuldiging, maar zuiver als *constatering* en als *opgave* voor de groep. Je koppelt er namelijk meteen aan vast: Wat kunnen we als groep eraan doen? Door de betreffende student bijvoorbeeld tijdens een bespreking uitdrukkelijk uitnodigen om iets te zeggen, wat meer de tijd geven, of ... In ieder geval zoek je samen naar een weg om hiermee om te gaan en na verloop van tijd bekijk je of de gekozen weg tot de gewenste resultaten heeft geleid.
Zo blijkt dat zowel het probleem als de oplossing ook een groepsaangelegenheid is.

3.3.2 Evaluatie

Als we zeggen: actief leren betekent leren door te doen, dan bestaat het gevaar dat we eigenlijk pas de helft van het leerproces hebben weergegeven. Iemand die steeds maar hetzelfde doet, leert immers niet echt. De hele cyclus van het leerproces bestaat niet alleen uit doen, uit experimenteren, maar ook uit reflecteren, evalueren, nadenken over dat wat we gedaan hebben en ons afvragen: was dat de meest handige manier? Waren de resultaten conform de verwachtingen?

leren door evalueren

Evaluatie is een *essentieel* onderdeel van de cyclus van het leren. Daarom zullen we in de opleiding voortdurend evalueren, terugkijken op wat we gedaan hebben om te achterhalen wat we geleerd hebben en wat we nog moeten leren.
In principe wordt aan het eind van elke gezamenlijke activiteit geëvalueerd. Als voorbeeld schets ik hoe de evaluatie in de onderwijsgroep verloopt.

In de onderwijsgroep wordt aan het eind van elke bijeenkomst geëvalueerd. In deze evaluatie besteden we aandacht aan de drie componenten van het leerproces.
– De inhoudelijke kant: hebben we dat bereikt wat we wilden bereiken, weten we inderdaad meer, weten we voldoende?
– De praktische kant: in de context van de onderwijsgroep is dat vooral de methodiek die we gebruiken en de vaardigheden die vereist zijn om de methodiek goed toe te passen. Hebben we de methodiek naar behoren toegepast? Zijn er in bepaalde vaardigheden nog verbeteringen aan te brengen?
– De sociaal-emotionele kant: hoe verliep de samenwerking, kreeg iedereen een kans om zijn rol goed te vervullen?

Speciale aandacht wordt besteed aan de specifieke rollen van de voorzitter, de notulist en de tutor.

De voorzitter
Aangezien iedereen maar een enkele keer tijdens een module voorzitter is, is het goed om speciaal bij deze rol stil te staan en om de voorzitter concrete feedback te geven. Niet alleen over dat wat niet zo goed ging, maar ook over dat wat goed ging. Voor de betrokkene is dat laatste over het algemeen veel stimulerender. Het is ook realistisch om niet alleen maar aandacht te schenken aan wat niet goed ging, maar ook aan wat wel goed ging.

Ten slotte is het ook voor de groep nuttig om stil te staan bij het functioneren van de voorzitter, omdat men daardoor als het ware concrete voorbeelden verzamelt, die laten zien wat een goede vervulling van de rol van voorzitter inhoudt. Degene die de volgende keer aan de beurt is kan die ervaringen meenemen en in zijn manier van werken inbouwen. Zo ontwikkelt de groep – op basis van ervaringen – de vaardigheden, die horen bij de rol van voorzitter.

De notulist
Dat wat gezegd is over de evaluatie van de voorzitter geldt, met andere woorden, ook voor de notulist.

De tutor
De vraag of studenten zich vrij voelen om op een reële manier het gedrag van de tutor te evalueren is een 'lakmoesproef' van een goed klimaat in de onderwijsgroep.

Vaak zie je dat studenten toch een beetje om de hete brij heen draaien. De tutor heeft weliswaar gezegd dat zijn gedrag ook ter discussie staat, maar toch ... Als je je niet vrij voelt om volgens de regels feedback te geven op het gedrag van de tutor, zoek dan een weg om dat constructief ter sprake te brengen. Probeer te achterhalen, waar het aan ligt: voel je jezelf nog geremd, hindert het gedrag van andere studenten je daarin of heb je de indruk dat de tutor niet zo openstaat voor feedback als jij zou wensen?

In principe is over al deze zaken een zinvol gesprek mogelijk. De eerste stap zet je door dit aan te kaarten. Samen kun je een route uitstippelen om dit verder te bespreken en om er iets aan te doen.

Het komt ook wel eens voor dat studenten 'doorslaan' en dat een tutor niets goeds in hun ogen kan doen. In dat geval kunnen de gangbare regels van feedback uitkomst bieden. Ook voor kritiek op een tutor geldt, dat die concreet moet zijn en op het juiste moment, op de juiste wijze gegeven. Mocht een tutor echt niet om kunnen gaan met goed gegeven feedback, dan heb je iets te bespreken met de mentor, met een andere docent of mogelijk met de (faculteits-)directie.

In ieder geval dien je dat bij de (schriftelijke) evaluatie van het blok duidelijk kenbaar te maken.

3.3.3 De opening van het blok

De start van een blok biedt een goede mogelijkheid om een juist klimaat in de onderwijsgroep te scheppen, zodat het mogelijk is om goed samen te werken en te evalueren.

In de eerste bijeenkomst is er geen nabespreking van een voorafgaande taak. Als niettemin de normale tijd voor een onderwijsgroep is ingeroosterd, kan men dus een groot deel van de tijd voor iets anders gebruiken. Het is een goed gebruik om deze tijd te gebruiken voor een gesprek over:
- de persoonlijke leerdoelen van de studenten
- de wijze waarop de groep gaat samenwerken
- de rol die de tutor hierin wil spelen.

creëren van een werkklimaat

> Bij de eerste bijeenkomst van de onderwijsgroep krijgt elke student de gelegenheid zich voor te stellen en zijn persoonlijke leerdoelen kenbaar te maken. Bijvoorbeeld: "In het vorige blok heb ik gehoord dat ik me te weinig meng in de discussie, ik wil daar in dit blok speciaal aandacht aan besteden."
> Aansluitend bespreekt de groep wat hun rol kan zijn om de student te helpen dit leerdoel te realiseren. Ze spreken bijvoorbeeld af om hem in het begin direct uit te nodigen om iets te zeggen, of ze spreken af dat hij meteen de eerste keer voorzitter is, zodat hij meteen al de kans heeft om actief deel te nemen.
>
> Ook de tutor stelt zichzelf voor en geeft aan hoe hij zijn rol denkt te vervullen.
> Hij laat duidelijk merken, dat hij er is voor de studenten en dat zijn doel is: het ondersteunen van hun leerproces. Hij zegt bijvoorbeeld dat hij afhankelijk is van de reacties van de groep. Hij kan immers nooit raden of zijn interventies goed getimed zijn. De groep zal dat in de evaluatie duidelijk moeten aangeven en hij zal zijn gedrag zo goed mogelijk daarop moeten afstemmen.

Tussentijdse evaluatie
Het is een goed gebruik om ongeveer halverwege het blok te kijken wat er van al deze afspraken terecht is gekomen. Eventueel worden afspraken bijgesteld.

Bij de eindevaluatie – aan het eind van het blok – wordt dan de balans opgemaakt. De studenten formuleren dan (nieuwe) persoonlijke leerdoelen, die ze meenemen naar het volgende blok.

4 Soorten taken

In de onderwijsgroep werk je aan verschillende soorten taken. Ik wil nu ingaan op de vraag waarom er verschillende soorten taken zijn en welke consequenties die verschillen hebben voor de gang van zaken in de onderwijsgroep.

4.1 Waarom zijn er verschillende soorten taken?

De vraag waarom er verschillende soorten taken bestaan, kan op verschillende manieren beantwoord worden.

Het eerste antwoord is: *afwisseling*.

Men ziet soms dat het werken in een onderwijsgroep saai en vervelend wordt. Om dat te voorkomen denken docenten dat afwisseling in taken een middel is om saaiheid te voorkomen. Vandaar dat het een goed gebruik is om een diversiteit aan taken aan te bieden.

Het tweede antwoord ligt in het *beroepsgeoriënteerde karakter* van het onderwijs.

Je wordt opgeleid om als professional een bepaald beroep uit te oefenen. Om dat goed te doen moet je over bepaalde competenties beschikken, zodat je in staat bent met verstand van zaken op te treden en te handelen. In deze competenties zitten verschillende elementen besloten.

diversiteit van competenties

- Je hebt inzicht nodig in de situatie waarin je handelt; dat betekent dat je de raadselen en onduidelijkheden van een situatie kunt ontrafelen, kunt verklaren, kunt uitleggen. Deze vaardigheid ontwikkel je met name door te werken aan *verklaringstaken*.
- Je hebt niet alleen inzichten nodig, zodat je de situatie (theoretisch) kunt verduidelijken of verklaren. Men verwacht ook, dat je handelend optreedt, uiteraard op basis van inzichten. Dat handelen is dus planmatig, bewust gekozen, strategisch. De basis voor het planmatig handelen leg je met *strategietaken*. Hier leer je een planning op te stellen. Woorden die in dit verband worden gebruikt, zijn: strategie, plan van aanpak, protocol, procedure.
- Voordat je handelt, zul je je – juist als professional – wel eens afvragen: "Moet ik hier eigenlijk wel handelen; behoort dit tot mijn deskun-

digheidsterrein; ben ik bevoegd, is het (ethisch) verantwoord om te handelen, wat zijn mijn prioriteiten?" Over deze zaken kan men van mening verschillen. We kunnen ons immers laten leiden door verschillende waarden, of we hebben niet dezelfde prioriteiten. Het is voor een professional van belang, dat hij zicht heeft op dat wat hij van doorslaggevend belang vindt. Van de andere kant is het uitermate nuttig, dat we kunnen luisteren naar mensen die andere prioriteiten stellen en dat we begrip hebben voor hun waardenhiërarchie. Deze vaardigheden staan centraal in *discussietaken*.

- Als we deze soorten taken combineren, hebben we de belangrijkste elementen van een casusbespreking. In elk beroep houdt men zich bezig met specifieke problemen, met *casus*. We hebben juridische casus, verpleegkundige casus enzovoort. Deze casus worden met een bepaalde systematiek aangepakt en besproken. Je vindt daar altijd de volgende elementen in:
  - je verklaart centrale gegevenheden in de aangeboden situatie
  - je vraagt je af of je hier inderdaad een taak hebt
  - als je als professional optreedt, dan stel je een plan van aanpak, een strategie, op.
- Met name via deze laatste taak staan we aan de drempel van het andere deel van het probleemgestuurde curriculum: het *vaardighedenonderwijs*. Want als professional zul je niet alleen je handelen plannen, maar ook daadwerkelijk uitvoeren. Dat laatste, het feitelijke handelen, oefen je met name in het vaardighedenonderwijs, dat zo veel mogelijk aansluit bij dat wat we in de onderwijsgroep hebben geleerd.

Opbouw van een professioneel referentiekader
Het antwoord op de vraag waarom we verschillende soorten taken aanbieden, kan ook nog benaderd worden vanuit de vraag: hoe bouwen we een professioneel kennisnetwerk op?

Een professional dient over relevante, systematische kennis te beschikken, zoals ook uit de vorige paragraaf bleek. Hoe helpen de verschillende soorten taken je bij het opbouwen van een professioneel kennisnetwerk?

De studietaak
In een probleemgestuurd curriculum kunnen we de volgende stappen onderscheiden.

netwerk van begrippen

Het eerste dat je nodig hebt is een heel globaal schema. Stel: je weet niets van psychologie, dan is het nuttig, dat je eerst een taak krijgt, waarin duidelijk wordt wat psychologie in grote lijnen is.

Het resultaat van zo'n taak is dan bijvoorbeeld:
- Je weet dat psychologie een wetenschap is (en niet hetzelfde als levenservaring, mensenkennis).
- Je kent een (algemene) definitie van psychologie als wetenschap; wetenschap houdt zich bezig met menselijk gedrag.
- Je weet (uiteraard in grote lijnen) dat psychologie (als wetenschap)
  - een bepaalde geschiedenis heeft doorgemaakt
  - verschillende stromingen of scholen kent: behaviorisme, Gestalt ...

- verschillende onderdelen heeft: functieleer ... enzovoort.

Dit schema kun je later uitwerken. De opbouw van zo'n globaal schema, dat als basis kan dienen voor verdere taken, staat centraal in een studietaak. Je krijgt met een studietaak – voor een eerste algemene oriëntatie – te maken als je weinig of geen specifieke kennis van een bepaald wetenschapsgebied hebt.

Het resultaat van een studietaak is dat je een globaal overzicht hebt gekregen over een wetenschapsgebied, zodat je bij een volgende keer als je weer met dat wetenschapsgebied te maken krijgt, weet waar je dat nieuwe inzicht moet plaatsen, in welk verband en in welke context het thuishoort.

Je beschikt over ankerpunten, waar je de leerresultaten van volgende confrontaties met psychologie kunt plaatsen.

De verklaringstaak

Stel dat je in een volgende taak – een *verklaringstaak* – wilt verklaren hoe een bepaald conflict tussen mensen is ontstaan, je zult dan waarschijnlijk ook weer informatie halen uit de psychologie.

De kennis, die je dan opdoet is een precisering van de kennis van die eerdere studietaak: je ziet nu aan de hand van een concreet voorbeeld wat psychologie, als wetenschap over het menselijk gedrag, inhoudt. Bij elke volgende taak wordt dat verder gepreciseerd en uitgewerkt.

<small>uitbreiding en toepassen van begrippennetwerk</small>

Het voordeel van dat plaatsen van kennis in een dergelijk schema is:
- je ziet de samenhang tussen die verschillende leerresultaten van die taken, omdat ze allemaal een plaats hebben binnen hetzelfde schema.
- je onthoudt de leerresultaten beter.
- je kunt er beter mee werken.

Het resultaat van dit soort taken is dat het schema, waarvoor je in een studietaak de basis hebt gelegd, verder wordt 'opgevuld'. Je krijgt – stap voor stap, op een systematische wijze – steeds meer inzicht in het onderwerp, bijvoorbeeld: wat houdt psychologie in?

De consequenties voor je manier van studeren behandelen we in hoofdstuk 7.

De strategietaak

Een dergelijk uitgewerkt kennisschema vormt een goede basis om je handelen te plannen. Het plannen oefenen we in *strategietaken*.

Het resultaat van het werken aan strategietaken is, dat we een brug slaan van ons theoretisch begrippennetwerk naar het praktisch handelen. We ontwerpen een handelingsschema, op basis van theoretische inzichten.

De discussietaak

In elke problematiek spelen waarden, waarderingen en prioriteiten een rol. Hier kan zeer wel verschil van mening tussen professionals bestaan. In een *discussietaak* willen we hier zicht op krijgen.

<small>waarden en waardering</small>

Het resultaat van het werken aan discussietaken is, dat we kunnen aangeven welke beslissingen we nemen op grond van inzichten en welke op grond van – persoonlijke – waarderingen en prioriteit.
Tevens ontwikkelen we begrip voor andere waardenoriëntaties.

De casus
In een *casus* analyseren we een situatie waar we als professional mee te maken hebben. We integreren hier de voorafgaande elementen.
Het resultaat van het werken aan een casus is dat we belangrijke elementen die in het onderwijs gescheiden worden aangeboden, combineren.

De opbouw van een professioneel kennisnetwerk is de belangrijkste reden om verschillende taken aan te bieden.

4.2 De verschillende soorten taken en de consequenties voor de 7-sprong

Als het goed is kun je uit de manier waarop een taak is geschreven, opmaken wat voor soort taak het is. In de praktijk is dat niet altijd even duidelijk. Docenten verschillen in dit opzicht nogal eens van mening. Sommigen vinden dat je het de studenten niet te makkelijk moet maken. Ze zijn bang dat de taken dan niet meer uitdagend zijn en dat het saai wordt om daaraan te werken. Dat kan ertoe leiden dat je als student er niet altijd even makkelijk achter komt om wat voor soort taak het gaat.
Andere docenten leggen er de nadruk op dat de taken geen raadsels moeten zijn. Zij geven soms in de taak letterlijk aan om wat voor soort taak het gaat. Hun argument is dat het in de (beroeps)praktijk ook vaak duidelijk is wat je moet doen.

Ik wil enkele kenmerken aangeven, waaraan je kunt zien met wat voor soort taak je te maken hebt. Vervolgens wil ik laten zien dat de verschillende taken op verschillende manieren aangepakt moeten worden. Elk type taak vraagt namelijk een eigen invulling van de 7-sprong.

4.2.1 Verklaringstaak

In het begin van de opleiding zijn de meeste taken vaak *verklaringstaken*.
Het gaat dan meestal om een concrete situatie, een concreet gegeven, een gebeurtenis.
Deze situatie of gebeurtenis vraagt als het ware om een verklaring, een antwoord op de vraag: Waarom is dit het geval? Waarom gebeurt dit? En vaak ook: Wat is de impact van deze gebeurtenis?
Dit kunnen situaties zijn uit de *fysische* wereld: Waarom vallen in de herfst de bladeren van de bomen? Hoe kun je verklaren, dat aan het strand het water op een gegeven ogenblik bij een zandkasteel komt?

Dit kunnen ook situaties zijn uit de *sociale* werkelijkheid: Waarom pesten sommige kinderen anderen?

Uiteraard leidt dit tot verschillende soorten verklaringen: natuurwetenschappelijke verklaringen of sociaal-wetenschappelijke verklaringen.

ophelderen van een probleem

Pesten op school

Vorige week stond er in *de Volkskrant* een artikel over 'pesten op school'. In dat artikel was te lezen, dat pesten op school een wijdverbreid fenomeen is. Ten minste de helft van het aantal kinderen op de basisschool wordt ermee geconfronteerd, hetzij als slachtoffer, hetzij als dader. Het onderzoek was gericht op kinderen tussen de 4 en 12 jaar.

Enkele uitkomsten van het onderzoek waren dat pesten op school zich voordoet op allerlei scholen. Zowel jongens als meisjes zijn erbij betrokken. Er leek geen duidelijk verband te bestaan tussen etnische of sociale achtergrond van de leerlingen.

Het onderzoek ging verder in op de achtergronden en de vraag in hoeverre er sprake is van een toename van het verschijnsel.

Een verklaringstaak ziet er meestal als volgt uit:
1 Een korte inleiding om de achtergrond van de gebeurtenis te schetsen: de verwijzing naar een artikel in *de Volkskrant*. Het doet er niet toe of dit artikel echt in *de Volkskrant* heeft gestaan of niet. Deze zin heeft hier alleen de functie om het onderwerp ter sprake te brengen en eventueel aan te geven dat er in de pers aandacht aan wordt besteed.
2 Het centrale thema (inhoudelijk): hier wordt de inhoud al aangegeven in de titel. Verder blijkt uit het hele stukje dat pesten op school inhoudelijk het centrale thema is:
   - het aantal keren dat het woord pesten wordt gebruikt
   - elke zin zegt iets over het pesten, of over iets dat met het pestgedrag op de basisschool te maken heeft.
3 Allerlei verschijnselen of kenmerken die er – mogelijk – mee verband houden, worden aangeduid: het is een wijdverbreid fenomeen, veel kinderen hebben ermee te maken, als slachtoffer of als dader, op allerlei scholen, jongens en meisjes.
4 Vragen, onduidelijkheden worden soms uitdrukkelijk aangegeven. Hier worden enkele onduidelijkheden aangegeven:
   - geen duidelijk verband met de etnische of sociale achtergrond van de kinderen
   - de mogelijke toename van het verschijnsel.
5 Soms wordt er aan het einde duidelijk om een verklaring of uitleg gevraagd. Soms blijft zo'n expliciete vraag achterwege, zoals in dit voorbeeld. In dat geval concludeer je uit de structuur van de tekst – zoals we die hier hebben geschetst – dat het een verklaringstaak is.

De opdracht is dus het centrale thema: pesten op school, te *verklaren*.

De gevraagde verklaring houdt in, dat je het centrale thema kunt verklaren in het licht van algemene theorieën (bijv. ontwikkelingspsychologie, sociologie) en alle relevante subvragen kunt beantwoorden.

Je beantwoordt niet alleen de vragen, die in de tekst worden gesuggereerd (neemt het pesten toe, ja of nee?). Je onderzoekt ook dat wat als gegeven wordt meegedeeld: zowel jongens als meisjes spelen een rol. Deze opmerking kan tot een hele serie vragen leiden:
– op welke wijze zijn ze erbij betrokken: als dader, als slachtoffer?
– kwantitatief: in gelijke mate?
– kwalitatief: op dezelfde wijze, of pesten meisjes anders dan jongens?
– enzovoort.

Het is van belang dat je het hele probleem verklaart, verduidelijkt. Dat houdt in dat we ons niet kunnen beperken tot een 'oorzaak-gevolgverklaring'.

We zullen ook ingaan op de vraag wat de *effecten* zijn van dit fenomeen: bijvoorbeeld op de slachtoffers. Het zou er namelijk wel eens toe kunnen leiden dat zij later ook dader worden. Bij dit soort problemen kan er dus een verband bestaan tussen effect (van het pesten) en (een latere) oorzaak van het verschijnsel.

Het is ook zinvol om te kijken naar de mogelijkheden die men heeft om iets tegen het pesten te ondernemen: *preventie*. Ouders en leerkrachten spelen immers een belangrijke rol. Als ze deze rol goed vervullen kunnen ze een belangrijke bijdrage leveren om het pesten te voorkomen of om de schade van het pesten te beperken. Als ze hun rol niet goed vervullen, bijvoorbeeld door hun ogen ervoor te sluiten, kunnen ze een belangrijke oorzaak zijn van het ontstaan of instandhouden van het pesten.

Consequenties voor de 7-sprong

In hoofdstuk 3 hebben we een verklaringstaak als voorbeeld genomen. Daar vind je dus uitgewerkt hoe de 7-sprong verloopt bij een verklaringstaak.

4.2.2 Studietaak

Een studietaak dient ertoe om je in te leiden in een bepaald wetenschapsgebied. In de regel heb je dus weinig of geen specifieke kennis van dat gebied.

Het is een korte of soms ook een (wat) langere tekst, waarin kort een bepaald probleemgebied wordt geschetst. De opdracht die eruit spreekt is, dat je dat gegeven verder moet uitwerken.

In de praktijk vind je twee voorbeelden.

Voorbeeld A

In je studie en later in je beroep is het erg belangrijk dat je het een en ander weet van psychologie. Bij deze eerste taak gaat het erom dat je een globaal overzicht krijgt over wat psychologie is en wat de inhoud ervan is.
Bestudeer de aangegeven literatuur en beantwoord de volgende vragen/opdrachten.
Geef een definitie van psychologie.
- Wanneer is psychologie als wetenschap ontstaan en waarom?
- Welke scholen kunnen we onderscheiden in de psychologie? Geef hun belangrijkste kenmerken.
- Welke onderdelen onderscheiden we tegenwoordig in de psychologie en waar houden die onderdelen zich mee bezig?

Omdat studenten weinig voorkennis hebben, menen docenten vaak dat ze deze vragen ook bij de taak moeten schrijven. Soms denken docenten zelfs dat dat het wezenlijke kenmerk is van een studietaak. Ze verwijzen naar een bepaalde problematiek (Wat is psychologie?) en naar de literatuur. De opdracht staat er uitdrukkelijk bij: Bestudeer de literatuur en beantwoord de volgende vragen.

Voorbeeld B

De mens en zijn gedrag
Zolang als er mensen bestaan, zijn ze - waarschijnlijk - verbaasd over hun gedrag. Mensen doen soms de meest vreemde en vreselijke dingen, soms doen ze iets waardoor je tot in het diepst wordt ontroerd, wat grote bewondering afdwingt. Positief en negatief: de mens en zijn gedrag blijft ons verbazen.
Zolang als we ons kunnen herinneren, probeert de mens een verklaring te vinden voor het doen en laten van zichzelf en zijn soortgenoten. Een belangrijke stap om over deze vragen wat meer duidelijkheid te krijgen werd ruim honderd jaar geleden gezet, toen de psychologie als wetenschap ontstond.
Het was een eerste onzekere stap, want van meet af aan was er verschil van mening over centrale vragen: Wat is precies de kern waar we ons als psychologen mee bezighouden? En: Op welke manier moeten we ons onderwerp aanpakken?
Omdat de antwoorden op die vragen op verschillende wijzen werden gegeven, hebben we vanaf het ontstaan van de psychologie te maken met diverse scholen of richtingen, die alle op eigen wijze een antwoord hebben geformuleerd.
Desondanks heeft de psychologie grote ontwikkelingen doorgemaakt.

We hebben niet alleen te maken met een serie scholen of stromingen in de psychologie. We onderscheiden tegenwoordig een hele reeks onderdelen van de psychologie, die in allerlei sectoren van de samenleving een plaats hebben veroverd.

Consequenties voor de 7-sprong

Stap 1 Verduidelijken van de tekst en verklaren van onduidelijke woorden
Bij beide voorbeelden verloopt stap 1 volgens de gewone procedure die in het vorige hoofdstuk is beschreven.

Wat betreft voorbeeld A
In deze fase gaat het erom dat je in grote lijnen begrijpt wat er staat en *niet* dat je de vragen in de tekst beantwoordt. Dat bespreek je in stap 3 en in de volgende stappen.

Stap 2 Bepalen van de aard van de taak en het definiëren van het probleem
Hier blijkt dat je te maken hebt met een studieopdracht.

In *voorbeeld A* wordt dat in de formulering uitdrukkelijk aangegeven: Bestudeer ...

In *voorbeeld B* kom je tot de conclusie dat het een studietaak is op grond van de volgende kenmerken.
– Uit de formulering blijkt dat een nieuw onderwerp wordt gepresenteerd: psychologie.
– Over dit onderwerp worden enkele zaken aangeduid:
  • de vraag waar de psychologie zich mee bezighoudt
  • wanneer de psychologie is ontstaan
  • de verschillende scholen of stromingen
  • de ontwikkeling van de psychologie
  • de plaats in de huidige maatschappij.
– De (impliciete) boodschap is, dat je dit centrale onderwerp (psychologie) en de subvragen (die aangeduid zijn) benoemt en verder uitwerkt.
– Je hoeft dus niet te verklaren waarom de psychologie is ontstaan of waarom er verschillende scholen zijn, maar de vraag is om die zaken op grond van literatuurstudie te beschrijven, zodat het resultaat is dat we weten hoe het is gebeurd, hoe het in elkaar zit enzovoort.

Stap 3 Analyseren van het probleem

Voorbeeld A
Als de tekst erg beknopt is en bovendien ook al de subvragen vermeldt, blijft er niet veel over voor stap 3, (en 4 en 5). Vaak zie je dat men de vragen uit de tekst beschouwt als leerdoelen en daarmee is de voorbereidende fase van de 7-sprong snel tot haar eind gebracht.
Je kunt de vragen als richtlijn nemen voor een brainstorm: Wat denken jullie dat psychologie is? Heb je er wel eens iets over gelezen? In stap 6 kun

je controleren in hoeverre je vermoedens juist waren en verder aangevuld worden.

Voorbeeld B
Als de tekst een wat uitvoerige inleiding in het probleemgebied bevat, kun je in deze fase 3 nog eens opnieuw de tekst van de taak zorgvuldig uitpluizen en kijken wat dat voor (voorlopige) inzichten en vragen oplevert. In zo'n geval is het goed om een structuurschema van de tekst te maken om alle informatie die de tekst biedt duidelijk te krijgen en specifieke richtvragen voor verdere studie te formuleren.

Bijvoorbeeld: Het begin gaat over het menselijk gedrag, je kunt hier een tijdje over nadenken, zodat je een beeld hebt van de diversiteit van menselijk gedrag; dit is een element in het activeren van je (voor)kennis.

De volgende paragraaf geeft aan dat ongeveer een eeuw geleden de psychologie als wetenschap is ontstaan.
– Kun je je die situatie van ruim honderd jaar geleden enigszins voorstellen?
– Weet iemand misschien een naam die in dat verband relevant is? (Als niemand van de groep iets weet zou de tutor bijvoorbeeld kunnen vragen: "Heeft iemand weleens van Freud gehoord?" of "Ken je het woord 'minderwaardigheidscomplex'?")
– Kun jij aangeven waar psychologie zich mee bezighoudt?

Op dezelfde manier kun je elke zin of alinea bekijken en dat wat daar gezegd wordt omvormen tot een vraag, die je gebruikt als uitgangspunt voor een (korte) discussie of brainstorm.

Stap 4 Toetsen en systematisch ordenen van wat in fase 3 naar voren is gebracht

Voorbeeld A
Je ontkomt er waarschijnlijk niet aan om de structuur te gebruiken, die aangegeven is door de vragen die bij de taak staan.

Voorbeeld B
Als je een structuurschema van de tekst gemaakt hebt, kun je dat gebruiken om het materiaal van stap 3 te ordenen. Waarschijnlijk kom je tot de volgende hoofd- en subvragen.

Psychologie houdt zich bezig met:
– menselijk gedrag
– ontstaan
– scholen/stromingen
– onderdelen en maatschappelijke relevantie.

Fase 3 heeft waarschijnlijk ook het een en ander opgeleverd om deze sub vragen te specificeren.

Bij het laatste punt heeft men bijvoorbeeld gehoord van een test in verband met beroepskeuze.

Stap 5 Formuleren van leerdoelen

Voorbeeld A
De vragen die de docent heeft geformuleerd dienen als richtvragen, leerdoelen.

Voorbeeld B
Formuleer zelf, aan de hand van het schema (stap 4) en de vragen, leerdoelen die de tekst heeft opgeroepen. Waarschijnlijk zullen die in dezelfde richting gaan als de richtvragen van voorbeeld A. Het voordeel van deze variant is, dat je zelf actiever met de tekst bent omgegaan. Je hebt zelf je leerdoelen geproduceerd.

Stap 6 De zelfstudie

Voorbeeld A
De literatuur die is aangegeven, bestudeer je. Voor verdere tips over deze fase: zie hoofdstuk 6.

Voorbeeld B
Het ligt voor de hand dat je eerste bron het standaardhandboek (of -handboeken) is, dat in de opleiding wordt gebruikt. Via de inhoudsopgave en het register zul je snel de relevante hoofdstukken vinden.
    Kijk ook naar de inleiding en naar het eerste hoofdstuk.

Stap 7 De nabespreking
De nabespreking gaat volgens de gewone procedure (zie hoofdstuk 3).

4.2.3 Discussietaak

Bij een discussietaak gaat het om een stelling. Van de deelnemers wordt verwacht dat zij daar een persoonlijk gefundeerd standpunt over hebben. In dat standpunt nemen je persoonlijke opvattingen, waarderingen en prioriteiten een belangrijke plaats in.

waarden

Het doel van deze taak is dat je over je standpunt nadenkt, dat je je afvraagt waar je opvattingen op gebaseerd zijn, welke argumenten je hebt en dat je dat aan anderen duidelijk weet te maken.
    Van de andere kant wordt verwacht dat je met begrip kunt luisteren naar het standpunt van anderen.
    Het gaat er niet om de discussie te winnen, maar om standpunten *met verstand* te bediscussiëren.

> Voor het nieuwe begrotingsjaar zijn er weer bezuinigingsmaatregelen aangekondigd.
> Voor jouw afdeling valt dat bijzonder zwaar, omdat jullie net plannen hadden om flink uit te breiden. Er zou een nieuwe vleugel worden

gebouwd, apparatuur moet hoognodig vernieuwd worden en het zag ernaar uit dat jullie ook enkele nieuwe collega's zouden kunnen aanstellen.
Door de aangekondigde bezuinigingen is één ding duidelijk: jullie kunnen niet al jullie plannen realiseren, zeker niet op de wijze waarop jullie dat hadden gedacht. Je zult een discussie moeten aangaan om na te gaan waar de prioriteiten gelegd moeten worden.

De tekst gaat over een bepaalde zaak, waar verschillende mensen of partijen verschillende opvattingen over hebben. Vaak is voor al die standpunten wel iets te zeggen. In de tekst worden de verschillende standpunten vaak kort aangeduid. Je wordt als het ware uitgenodigd om jouw standpunt kenbaar te maken of om partij te kiezen voor een van de vermelde standpunten. Soms wordt aan het eind zelfs uitdrukkelijk gevraagd wat jouw mening of standpunt in de kwestie is.

Consequenties voor de 7-sprong

Stap 1 Verduidelijken van de tekst en verklaren van onduidelijke woorden
Deze stap verloopt volgens de gewone procedure.

Stap 2 Bepalen van de aard van de taak en het definiëren van het probleem
In deze stap blijkt dat je met een discussietaak te doen hebt.
   Soms blijkt dat al uit de titel, omdat daar al wordt aangeduid dat het gaat om een keuze tussen twee (of meer) mogelijkheden. Uit de rest van de tekst blijkt dat je voor een van de mogelijkheden kiest (of moet kiezen) en dat gevraagd wordt deze keuze toe te lichten of te beargumenteren.
   Als het goed is, is het duidelijk dat het er niet om gaat een (gezamenlijk) plan van aanpak, een strategie op te stellen. Het onderwerp van het voorbeeld zou zich daarvoor kunnen lenen: Hoe pak je de problemen aan, die door de bezuinigingen worden opgeroepen?
   De kern van *deze taak* gaat hieraan vooraf: Wat is jouw standpunt? Waar liggen jouw prioriteiten? Vind je dat de bouw moet doorgaan? Vind je de apparatuur het belangrijkste? Gaat je voorkeur uit naar uitbreiding van personeel?

Als duidelijk is dat we te maken hebben met een discussietaak en als het onderwerp van de discussie is vastgesteld, kunnen er *twee varianten* optreden.

Variant A
Soms bieden docenten een discussietaak aan om de gelegenheid te geven allerlei kennis en inzichten die men heeft opgedaan te integreren. De groep heeft voldoende relevante voorkennis om de discussie met enig verstand van zaken te voeren. In dat geval staat een discussietaak vaak aan het eind van een blok.

kennis integreren

Variant B
Soms bieden docenten een discussietaak aan als opwarmertje om studenten te motiveren met een bepaalde stof aan de slag te gaan. De groep heeft nog niet voldoende voorkennis om de kwestie met verstand van zaken te bespreken. In dit geval staat de discussietaak vaak aan het begin van het blok.

kennis verwerven

Wat betekent dit voor de aanpak?
In alle gevallen gaat het er bij een discussietaak om dat je met (enig) verstand van zaken discussieert. Het doel van een discussietaak is niet dat je je ontwikkelt tot een handig debater, maar dat je als professional over zaken die met je beroep te maken hebben, met verstand kunt praten. Je bent dus op de hoogte van de belangrijkste zaken die met het onderwerp samenhangen.

discussieer met verstand van zaken

Op het moment dus dat een groep tot de conclusie komt dat dit een discussietaak is, stelt de groep de vraag: "Hebben we genoeg kennis van zaken om over deze kwestie te praten, of moeten we ons er eerst in verdiepen?"

Variant A
Als je meent dat je voldoende kennis van zaken hebt, bijvoorbeeld omdat je al wekenlang via andere taken met de materie bezig geweest, kun je direct de discussie voeren. Je gebruikt in de discussie argumenten, ontleend aan de kennis die je in de voorafgaande periode hebt opgedaan.
Na die discussie is de taak afgesloten.

Variant B
Je komt tot de conclusie dat je niet voldoende geïnformeerd bent.
Je hebt allerlei vragen bij de problematiek, waar je eerst duidelijkheid over wilt hebben, voordat je tot een standpunt kunt komen. Ga na welke informatie je nodig hebt om met verstand van zaken over het onderwerp te praten. Dan ga je over naar stap 3 (variant B).

Stap 3 Analyseren van het probleem

Variant A
Aangezien de groep voldoende kennis van zaken heeft om het probleem professioneel te bediscussiëren, kan men nu overgaan tot de discussie. Bij de discussie neemt de groep de gangbare regels voor een zinvolle discussie in acht. Na afloop van de discussie is de taak klaar.

Variant B
Het probleem is hier de stelling, die ter discussie staat. Je gaat met elkaar na welke zaken je dient te weten om met verstand van zaken over de stelling te discussiëren. In grote lijnen verloopt deze fase dan weer als bij de verklaringstaak.

Stap 4 Toetsen en systematisch ordenen van wat in fase 3 naar voren is gebracht
Deze fase verloopt in grote lijnen hetzelfde als bij een verklaringstaak.

Stap 5 Formuleren van leerdoelen
Deze fase verloopt in grote lijnen hetzelfde als bij een verklaringstaak.

Stap 6 De zelfstudie
Deze fase verloopt in grote lijnen hetzelfde als bij een verklaringstaak.

Stap 7 De nabespreking
In deze stap wordt de discussie gevoerd.
Het is niet altijd nodig om eerst – zoals bij een verklaringstaak – het resultaat van stap 6 te bespreken. De kennis die je in stap 6 hebt opgedaan, gebruik je nu om je standpunt te verdedigen of toe te lichten.

4.2.4 Strategietaak

In een strategietaak geef je aan hoe je in een bepaalde situatie behoort te handelen en waarom je zo zou handelen.

> Voor het nieuwe begrotingsjaar zijn er weer bezuinigingsmaatregelen aangekondigd.
> Voor jouw afdeling valt dat bijzonder zwaar, omdat jullie net plannen hadden om flink uit te breiden.
> Er zou een nieuwe vleugel worden gebouwd, apparatuur moet hoognodig vernieuwd worden en het zag ernaar uit dat jullie ook enkele nieuwe collega's zouden kunnen aanstellen.
>
> Door de aangekondigde bezuinigingen is één ding duidelijk: jullie kunnen niet al jullie plannen realiseren, zeker niet op de wijze waarop jullie dat hadden gedacht. Als afdelingshoofd verwacht men nu van jou een voorstel hoe jullie met deze nieuwe situatie zullen omgaan.

De tekst schetst meestal een overlegsituatie waarin mensen met elkaar bespreken hoe ze een bepaald probleem of een bepaalde zaak moeten aanpakken. Vaak eindigt de tekst op zo'n manier dat jij, eventueel met enkele anderen, de opdracht krijgt om een plan van aanpak op te stellen.

Consequenties voor de 7-sprong

Stap 1 Verduidelijken van de tekst en verklaren van onduidelijke woorden
Deze stap verloopt volgens de gewone procedure.

Stap 2 Bepalen van de aard van de taak en het definiëren van het probleem
In deze stap blijkt dat je te maken hebt met een strategietaak. Dat houdt in dat je een strategie, een procedure, een plan van aanpak moet opstellen.

Stap 3 Analyseren van het probleem
In deze stap hou je duidelijk voor ogen dat het gaat om een stappenplan: wat komt eerst, wat komt erna?
En hoe kom je tot gewenst resultaat?

Stap 4 Toetsen en systematisch ordenen van wat in fase 3 naar voren is gebracht
De ordening, die hier voor de hand ligt is de ordening van een stappenplan.
– De volgorde: Wat komt eerst? Wat komt erna?
– De motivering van de stappen: Waarom deze stap eerst? Wat houdt die stap precies in? Wat zijn de zaken waar je in deze stap alert op moet zijn? Wat zijn de valkuilen? Enzovoort.

Stap 5 Formuleren van leerdoelen
De leerdoelen zijn erop gericht om uiteindelijk een volledig plan van aanpak of een stappenplan tot stand te brengen, inclusief argumentatie.

Stap 6 De zelfstudie
De zelfstudie verloopt in grote lijnen volgens de gewone procedure. Je houdt duidelijk voor ogen dat je een stappenplan of strategie moet opstellen. Je gaat dus iedere keer weer terug naar je schema, zoals dat in stap 4 globaal is ontworpen. Je realiseert je welk onderdeel van het stappenplan door het leerdoel van stap 5 verder uitgewerkt wordt. Na afloop controleer je of je er inderdaad in geslaagd bent het stappenplan verder uit te werken, zodat je duidelijk kunt aangeven hoe je – stapsgewijs – het gewenste resultaat bereikt.

Stap 7 De nabespreking
Het resultaat dat je hier naar voren brengt is een plan van aanpak, dat bestaat uit duidelijk onderscheiden stappen of fasen, die leiden tot het gewenste resultaat.
Van elke fase geef je aan waarom je daarvoor gekozen hebt. Deze keuzes dienen zo veel mogelijk op literatuur te zijn gebaseerd (evidence based!). Je geeft aan waar je die literatuur gevonden hebt.
Je eigen commentaar is ook belangrijk: volgen de stappen logisch of vanzelfsprekend op elkaar? Kwam je voor verrassingen te staan? Zijn er onduidelijkheden of vragen?

4.2.5 Casus

Een casus krijg je meestal niet aan het begin van de opleiding, maar op zijn vroegst pas in het tweede gedeelte van het eerste jaar. Het werken aan een casus veronderstelt dat je al vertrouwd bent met de andere soorten taken, met name met de verklaringstaak, de discussietaak en een strategietaak. Je hebt hierin de basis gelegd voor de methodiek en wijze van redeneren die toegepast worden in het beroep waarvoor je wordt opgeleid.

In een casus wordt een (probleem)situatie aangeboden. Van jou wordt verwacht dat je met deze situatie omgaat zoals men van een professional zou mogen verwachten.

professionele analyse

> Op maandagochtend meldt mevrouw Westerflier zich in jullie fysiotherapiepraktijk met de vraag of men iets kan doen aan de zwelling aan haar linkerarm.
> Aangezien jij mevrouw Westerflier al eerder hebt gezien, ben je ook nu degene die haar behandelt.
> Uit de anamnese blijkt, dat bij mevrouw Westerflier vijf jaar geleden een mamma-amputatie met okselkliertoilet heeft plaatsgevonden in verband met een mammacarcinoom links.
> Een jaar geleden kreeg ze last van de zwelling aan haar linkerarm. Aanvankelijk dacht ze dat het eenzelfde soort zwelling was als de zwelling aan haar voeten. Van deze laatste zwelling heeft ze al langer last; in de loop van de dag worden haar voeten dik. Als ze 's avonds de voeten hoger legt, wordt dat minder. 's Morgens zijn ze weer normaal.
> Ze denkt, dat er met haar arm iets anders aan de hand is. Ze wil graag weten of dat zo is.

In een casus wordt een 'echt' probleem uit de beroepspraktijk gepresenteerd. In dit geval uit een fysiotherapiepraktijk. Van jou wordt verwacht dat je je opstelt als 'professional', hoe pak je zo'n zaak aan? In die zin lijkt een casus op een *strategietaak*. Er zijn evenwel enkele verschillen.

De nadruk op 'evidence' is nog groter. Vaak verwacht men dat je niet alleen een plan van aanpak presenteert, maar dat je ook een analyse van de situatie, een opheldering of een verklaring geeft. Hoe kun je begrijpen dat een situatie zoals in de casus zich voordoet? In dit voorbeeld zul je het verschil tussen die zwellingen bestuderen (de verschillende soorten oedeem) en kun je uitleggen of ze wel of niet iets te maken hebben met de eerdere operatie. Er zit dus een element in van een *verklaringstaak*.

Een ander verschil is dat je bij een casus uitdrukkelijk gebruikmaakt van de procedures en methodieken, die horen bij het beroep waarvoor je opgeleid wordt. In dit geval betekent het dat je redeneert als een fysiotherapeut. In de fysiotherapie heeft men een specifieke vorm van 'klinisch redeneren' ontwikkeld. Deze vorm van redeneren oefen je in dergelijke casus.

professioneel redeneren

Het karakter van een *discussietaak* kan ook meespelen, als – op grond van verschillende prioriteitenstellingen – meerdere keuzes te verdedigen zijn.

Als we – van een andere opleiding – een ander voorbeeld nemen, bijvoorbeeld een casus over de overplaatsing van een deel van een bedrijf

plan van aanpak

naar een derdewereldland, laat je je bij een dergelijke zaak dan leiden door:
- bedrijfseconomische overwegingen: de continuïteit van het bedrijf, de consequenties voor de werknemers, voor de aandeelhouders, winst?
- 'ethische' overwegingen: de rechten van de werknemers, zorg voor het milieu?

Consequenties voor de 7-sprong

Stap 1 Verduidelijken van de tekst en verklaren van onduidelijke woorden
In principe verloopt deze stap volgens de gewone procedure.
Aangezien het een situatie uit de beroepspraktijk betreft, kun je allerlei technische termen verwachten. Zorg ervoor dat de betekenis van deze termen in grote lijnen duidelijk is. Als je precies wilt weten wat die termen betekenen, dan is het raadzaam om daar in stap 3 (en volgende stappen) bij stil te staan.

Stap 2 Bepalen van de aard van de taak en het definiëren van het probleem
Hier blijkt dat je met een casus te doen hebt. Het is een situatie uit de beroepspraktijk en het is jouw taak de kwestie te behandelen.
In het voorbeeld doet een patiënt een beroep op jou, als professional. Ze wil dat jij haar helpt; jij geeft als professional aan, wat jouw taak is en hoe je die – stap voor stap – uitvoert.

Stap 3 Analyseren van het probleem
In de analyse laat je duidelijk de verschillende elementen van een casus naar voren komen:
De professionele benadering of redeneerwijze staat centraal.
Hierin is begrepen:
- de verklaring of verduidelijking van problemen die aan de zaak ten grondslag liggen.
- een gefundeerd plan van aanpak.

Bij een casus is het goed om regelmatig terug te kijken naar de tekst van de taak. Vaak bevat de tekst allerlei elementen of details, die van belang zijn voor de uitwerking van de casus. Soms komen die details in het licht van de discussie in deze stap in een ander perspectief te staan.
In deze casus kun je bijvoorbeeld – op z'n minst – de volgende stappen verwachten.
- Een verduidelijking van de verschillende soorten oedeem: het ontstaan, verloop, de gevolgen enzovoort.
- De anamnese: met wie heb je te doen?
- Het diagnostisch onderzoek: wat is er aan de hand?

Dit leidt tot een conclusie: de fysiotherapeutische diagnose.
- Vervolgens stel je een behandelplan op.
- Het behandelplan bespreek je met mevrouw Westerflier. In die bespreking leg je haar het verschil tussen de twee soorten zwellingen uit (dat heb je eerst zelf bestudeerd!).

Naarmate je verder gekomen bent in de opleiding, zal dit schema worden verfijnd en gepreciseerd.

Soms neemt de tutor bij dit soort taken een specifieke rol in.
In stap 3 praat je met elkaar over de casus. Je formuleert bepaalde gedachten, hypotheses en vragen; soms treedt dan de tutor op als bron van informatie. Hij geeft antwoord op (bepaalde) vragen, die uit de groep naar voren komen.
De uitdaging aan de groep is in dat geval:
– Zorgen dat je relevante vragen stelt: je krijgt dan relevante informatie van de tutor.
– Als je relevante informatie hebt gekregen: hoe ga je daar dan mee verder? Wat is je volgende stap?
Op deze wijze kan de groep zich bekwamen in een professionele aanpak van de casuïstiek.

Stap 4 Toetsen en systematisch ordenen van wat in fase 3 naar voren is gebracht
Bij de ordening staat de thematiek van de casus centraal.
Onderscheid:
– het te verklaren deel
– de kwesties die eventueel bediscussieerd kunnen worden
– het stappenplan, gebaseerd op de methodiek die in het beroep gebruikelijk is.

Stap 5 Formuleren van leerdoelen
De leerdoelen zijn gerelateerd aan de verschillende onderdelen die in stap 4 naar voren zijn gekomen.

Stap 6 De zelfstudie
Verloopt volgens de gewone procedure.

Stap 7 De nabespreking
Verloopt volgens de gewone procedure.

5 De 7-sprong voor 'gevorderden'

De bedoeling van een hbo-opleiding is dat je je aan het eind van de rit kunt presenteren als een (beginnend) professional, als iemand die op professionele wijze problemen die onder zijn competentie vallen, kan aanpakken. De 7-sprong is een instrument om die ontwikkeling van leek naar professional mogelijk te maken. Dat brengt met zich mee dat de 7-sprong in de loop van de opleiding aan veranderingen onderhevig is. In het vorige hoofdstuk hebben we al enkele variaties gezien die samenhangen met de verschillende soorten taken.

Jij maakt zelf ook een ontwikkeling door. Je manier van werken met de 7-sprong verandert en daardoor verandert de 7-sprong. Je ontwikkelt een bepaalde routine in het werken met de 7-sprong en een eigen manier van werken. Dat is een goede zaak en in overeenstemming met de doelstellingen van het onderwijs. Niet elke ontwikkeling gaat echter automatisch de goede kant op. Het is dus zaak om alert te blijven en regelmatig na te gaan of je manier van werken een bijdrage levert aan je ontwikkeling naar het beroep.

In dit hoofdstuk wil ik laten zien hoe je jezelf kunt ontwikkelen en ik wil wijzen op enkele gevaren die dreigen in het werken met de 7-sprong.

5.1 De verschraling van de 7-sprong

Het grote probleem van het werken met de 7-sprong is vaak dat het zo saai en vervelend wordt. Het gevolg is dan dat er een soort machtsstrijd ontstaat tussen de studenten en de tutor. De studenten zien de zin niet in van allerlei stappen, ze ervaren het als aan zinloze omweg. Het begon allemaal zo leuk: de 7-sprong als een handige truc om de gang van zaken in de onderwijsgroep lekker soepel te laten verlopen.

Soms wordt de grondslag voor dit probleem al gelegd bij de wijze waarop de 7-sprong wordt aangeboden en aangeleerd. Bij de presentatie van de 7-sprong leggen de docenten vaak te veel nadruk op de vraag wat de zeven stappen van de 7-sprong precies inhouden. Ze trainen studenten om, volgens het boekje, de stappen juist uit te voeren.
Om het niet meteen te moeilijk te maken neemt men als voorbeeld

7-sprong niet mechanisch uitvoeren

meestal een verklaringstaak. Daar oefent men zo vaak mee, dat het lijkt alsof dat de enige of belangrijkste soort taak is. Als men dan later met andere taken te maken krijgt, worden die op ongeveer dezelfde manier behandeld. De eigenlijke bedoeling van de 7-sprong komt niet goed uit de verf. Het is namelijk een hulpmiddel om te leren redeneren en andere relevante (studie)vaardigheden te oefenen, geen keurslijf. De bedoeling is dat je verstand en creativiteit wordt gestimuleerd, en niet beperkt. Het is helemaal niet de bedoeling dat de 7-sprong een *mechanisme* wordt, zodat je op de automatische piloot door de onderwijsgroep kunt vliegen.

7-sprong niet 'reduceren'

Het gebeurt maar al te vaak dat de groep geleidelijk aan overgaat tot een 'gereduceerde' manier van werken met de 7-sprong.
De belangrijkste kenmerken van deze gereduceerde praktijk zijn:
– De studenten zien het werken met de 7-sprong niet meer als een mogelijkheid om allerlei relevante (studie)vaardigheden te oefenen.
– Bij stap 1 vragen de studenten hoogstens of er nog 'moeilijke' woorden zijn, die enige uitleg behoeven. Meestal is dat niet het geval, dus gaat men direct over naar stap 2.
– Bij stap 2 formuleren de studenten aan de hand van de titel of de slotzin van de taak een probleemstelling. De vraag wat voor soort taak het is stellen ze nauwelijks serieus. Uiteindelijk behandelen ze toch alle taken op dezelfde manier, als een soort verklaringstaak.
– Bij het activeren van de voorkennis in stap 3 blijven de studenten steken op het niveau waarop ze bij het begin van de opleiding stonden. Ze doen alleen een beroep op hun gewone, alledaagse kennis, die kennis die spontaan naar voren wordt gebracht. Men heeft in het begin geleerd om hier 'alles te zeggen wat in je op komt'; de voorzitter opent deze fase met: "Roept u maar!" en iedereen associeert en fantaseert erop los. De studenten vragen zich niet bewust af wat ze in vorige taken of blokken hebben gehad en wat daarvan nu van belang is.
– Men realiseert zich niet dat activeren van voorkennis hersenarbeid is en om nadenken en concentratie vraagt. Doelgerichtheid is in deze fase niet uit den boze. Je mag jezelf gerust afvragen: "Wat hebben we in dit blok of in vorige blokken gehad, wat kunnen we hier gebruiken?"

In de praktijk kan dat tot de volgende situatie leiden.
De *voorbereidingsfase* (stap 1 t/m 5) wordt gezien als een weg – eigenlijk als een omweg – om leerdoelen te produceren.
Een beetje slimme student heeft dat trucje snel door. Na enige oefening kan hij na een korte blik op de taak meteen al een stuk of vier leerdoelen opnoemen, die vaak heel aardig in de goede richting gaan. Als dat dan niet meteen lukt, vraagt men de tutor om niet flauw te doen en de leerdoelen te geven, 'dan kunnen we tenminste meteen aan het werk gaan'.
De *nabespreking* wordt gereduceerd tot het uitwisselen van informatie. Ook hier treedt een vorm van reductie op: je wisselt uit, wat je hebt gevonden. Dat kun je dan heel handig aanpakken: je kopieert je uittreksels en je deelt die uit!
Op deze manier kun je een bijeenkomst van de onderwijsgroep te-

rugbrengen tot maximaal een half uur. En aangezien iedereen tevreden is hoef je ook niet meer te evalueren! Het gevolg is dat een belangrijke mogelijkheid om relevante vaardigheden te oefenen en te ontwikkelen onbenut blijft.

5.2 De 7-sprong als stap op weg naar professioneel werken

Ongeacht of je met de problemen die we in de vorige paragraaf hebben geschetst te maken krijgt, is het goed om na verloop van tijd je manier van werken met de 7-sprong te evalueren en je af te vragen wat de eigenlijke bedoeling hiervan is en in welke mate je erin slaagt om creatief met de 7-sprong te werken.

Het is nuttig om eerst terug te gaan naar de kern: Wat is eigenlijk de bedoeling van de 7-sprong?

7-sprong is oefening in methodisch werken

Om de bedoeling van de 7-sprong nog eens te verduidelijken benaderen we de zaak nu eens vanuit het eind van de opleiding. Stel je voor dat je je opleiding hebt beëindigd en de baan hebt gevonden, waar je voor bent opgeleid. Je houdt je bezig met allerlei onderwerpen, die je met je collega's bespreekt. Het is dus voor de hand liggend dat ook jij – met je hogere beroepsopleiding! – een rapport uitbrengt, waarin je een standpunt naar voren brengt.

Het schrijven van een goed gedocumenteerd rapport – zoals je dat van een hbo'er mag verwachten – heeft een bepaald niveau en er wordt verondersteld dat de opsteller de vaardigheden heeft om het rapport op het vereiste niveau op te stellen.

Hoe gaat dat – in grote lijnen – in zijn werk?
- Je krijgt een onderwerp voorgeschoteld.
- Je maakt van dat onderwerp een soort probleemstelling, die je wilt gaan uitwerken.
- Je gaat allerlei materiaal en gegevens zoeken, die je op een of andere manier in je rapport wilt verwerken.
- Als je een redelijke hoeveelheid materiaal hebt verzameld, ga je dat ordenen in een logisch verband.
- Deze – voorlopige – structuur bekijk je kritisch, mogelijk mis je nog materiaal, dat je alsnog gaat zoeken.
- Het kan zijn dat je de oorspronkelijke formulering verandert, omdat je door het materiaal dat je gezien hebt op andere ideeën bent gekomen.
- Zo loop je een paar keer al de punten na: vanuit de nieuwe formulering van je probleemstelling kijk je of je de ordening nog steeds logisch vindt en in voldoende mate volledig.
- Als je uiteindelijk tevreden bent, schrijf je het geheel uit en kun je het rapport presenteren.
- Bij de presentatie krijg je allerlei reacties en eventueel ga je daarna je rapport herschrijven.

Als je goed kijkt zie je hier dezelfde elementen als in de 7-sprong. De essentie van de 7-sprong is dat je dit perspectief voor ogen houdt. Elke opdracht in de onderwijsgroep kun je zien als een opdracht, die je als (aanstaand) professional te doen krijgt en die je methodisch en kritisch aanpakt.

Waarop word je – als professional – beoordeeld? Krijg je een pluim omdat je zo netjes een methode uit een boekje hebt gebruikt? Dat je keurig alle stappen van een methodiek hebt uitgevoerd? Waarschijnlijk zal men daar niet veel woorden aan vuil maken, tenzij je van de methodiek een puinhoop hebt gemaakt. De methodiek is niet onbelangrijk, maar waar het uiteindelijk om gaat is dat je het onderwerp goed (en dus ook volgens een goede methodiek) hebt uitgewerkt. De uitwerking van het onderwerp staat centraal, de methodiek staat in functie daarvan.

Dat is precies de centrale doelstelling in het werken van de onderwijsgroep. Het werken met de 7-sprong is een middel om dat doel te bereiken: op een verantwoorde, methodische manier een onderwerp uitwerken.

Allereerst betekent dat, dat je iedere keer weer opnieuw moet kijken of de methode die je volgt, geschikt is voor je onderwerp. Als dat niet zo is, dan pas je de methode aan.

Een methodiek bestaat niet uit een serie voorschiften die je blindelings, zonder er verder bij na te denken, kunt (of moet!) volgen.

Een methodiek stelt je in staat om – min of meer gericht – de juiste weg, de juiste benadering van je onderwerp te zoeken. Het is een instrument om je professionele arbeid, bijvoorbeeld het schrijven van een rapport wat gerichter te laten verlopen. Uiteindelijk blijft dit soort werk ook een zoekproces, waarbij je de kans loopt niet altijd in de goede richting te zoeken. Geen enkele methode brengt je zonder omwegen naar het goede eindresultaat. Dat betekent dus dat je je wel degelijk bepaalde vrijheden kunt permitteren.

Als je bijvoorbeeld in stap 4 bij de ordening van het materiaal ineens nieuwe ideeën krijgt, kunnen die uiteraard zonder problemen opgenomen worden, ook al is stap 3 het moment voor het produceren van ideeën. Of als je bij stap 4 of 5 een idee krijgt hoe je de probleemstelling (stap 2) scherper kunt formuleren, dan is dat geen enkel probleem. Integendeel, goede ideeën moet je altijd een plaats geven.

open en kritisch

De 7-sprong is geen star systeem, waarbij je altijd precies in dezelfde volgorde moet werken. Het is een open systeem, waarin je voordurend kritisch kijkt naar wat je hebt en als je niet helemaal tevreden bent ga je weer een of meer stappen terug om te kijken of je een spoor kunt vinden dat je verder brengt. Alles wat nuttig is om op een professionele manier een onderwerp aan te pakken, integreer je in deze methode. Zo bouw je deze methode – op je eigen manier – uit tot een professionele manier van werken.

5.3 Het activeren en uitbreiden van voorkennis

Een essentieel kenmerk van de 7-sprong is, dat je je voorkennis, de kennis waar je op dat moment over beschikt, activeert. In het begin van de opleiding beschik je over algemene kennis, die je hebt opgedaan in de loop van je ontwikkeling tot dan toe. Daarin zit zowel kennis van de basisschool en van de middelbare school als allerlei kennis op basis van je levenservaring. In de loop van je hbo-opleiding komt daar een specifieke kennis bij: de beroepsmatige kennis.

In de onderwijsgroep 'vergeten' studenten vaak deze belangrijke bron van kennis te activeren. In stap 3 van de 7-sprong blijven ze op dezelfde intuïtieve manier gedachten produceren, zoals ze dat in het eerste blok gedaan hebben.

activeren van voorkennis

Al vanaf het tweede blok zou je eraan moeten wennen om je heel bewust af te vragen: "In welke samenhang moet ik deze taak of dit leerdoel plaatsen: recht, psychologie, verpleegkunde, economie? Welke stof, die ik al gehad heb, heeft met dit onderwerp te maken?"

Je werkt dan naar twee kanten: enerzijds gebruik je de kennis van vorige blokken om dit nieuwe onderwerp aan te pakken. Anderzijds geef je die nieuwe kennis, die het werken aan deze taak oplevert, een plaats in je kennisnetwerk. Op die manier breid je systematisch je kennisnetwerk uit. Dat uitbreiden van je kennisnetwerk heeft ook weer twee kanten.

Een inhoudelijke kant
De bedoeling is dat je iets te weten komt over een bepaalde inhoud. Afhankelijk van je opleiding kan dat zijn: de constructie van een brug, de functie van een spiersysteem of het feit dat (bijna) elk kind in een paar jaar leert praten.

Een formele kant, de methodiek
Bij een opleiding op hbo-niveau gaat niet iedereen op zijn eigen houtje en op zijn eigen manier met een onderwerp aan de slag. Het resultaat zou dan zeer wisselend zijn, afhankelijk van allerlei toevalligheden. Integendeel: je leert hoe je problemen aanpakt die te maken hebben met het beroep dat je als professional wilt uitoefenen.

Elk beroep heeft een of meerdere methodieken ontwikkeld om de onderwerpen, waar men in dat beroep mee te maken krijgt, aan te pakken. Artsen gaan op een bepaalde manier te werk als ze een ziekte diagnosticeren en organisatiedeskundigen hebben hun eigen manier om problemen in een organisatie op te sporen en op te lossen. Al deze methodes hebben gemeen dat ze in duidelijke stappen of fasen zijn te onderscheiden: eerst doe je het een en dan het ander. Al die stappen zijn uitvoerig bediscussieerd en besproken door de mensen, die het beroep uitoefenen, zodat ze een goede reden hebben om aan te nemen dat deze stappen de beste zijn om tot gewenst resultaat te komen. In het algemeen maken ze gebruik van alle informatie waar men in het vak over beschikt, om via de 'beste weg' tot de bestbeproefde resultaten te komen. Alles is zo veel mogelijk gebaseerd op onderzoek en bewijzen: evidence based.

5.4 De rol van de tutor

Aangezien de manier van werken in een onderwijsgroep verandert, is het voor de hand liggend dat ook de rol van de tutor verandert.

In het begin, in het eerste blok, ligt de nadruk op zijn rol als 'model': hij laat zien hoe je in een onderwijsgroep behoort te werken. Daarom zal hij bijvoorbeeld bij de eerste keren alle specifieke rollen vervullen die in een onderwijsgroep gebruikelijk zijn: hij leidt de discussie, maakt de aantekeningen op het bord en is ook nog tutor.

Geleidelijk aan gaan studenten de rol van gespreksleider en notulist overnemen. De tutor, samen met de andere leden van de onderwijsgroep, geeft feedback op de wijze waarop studenten deze rollen vervullen. De rol van de tutor verandert: hij is niet meer (uitsluitend) model, die door zijn gedrag laat zien hoe je je in de onderwijsgroep behoort te gedragen. Hij wordt meer een soort coach. Bij de bespreking in de evaluatie geeft hij feedback naar aanleiding van wat er is gebeurd, zodat de groep de volgende keer beter kan functioneren.

bron van informatie

Later in de opleiding ga je in de onderwijsgroep casuïstiek bespreken. Bij sommige opleidingen krijgt de tutor dan de rol van een soort tegenspeler van de onderwijsgroep: hij beschikt over informatie die de groep niet heeft. De groep probeert tijdens de casusanalyse die informatie te achterhalen en op basis van die informatie verder te redeneren. Als verkeerde of irrelevante vragen gesteld worden, loopt de groep de kans dat er irrelevante antwoorden gegeven worden. Als de groep relevante vragen stellen, krijgt deze relevante informatie.

Dan komt de volgende vraag: Wat moet je doen met de informatie, hoe moet je nu verder gaan?

Voorbeeld
Je bespreekt een patiëntencasus.
  Meneer X klaagt over pijn in zijn buik.
  Je kunt hem in dat verband allerlei vragen stellen: Wanneer heeft hij die pijn: 's morgens – 's middags – 's avonds? Voor of na het eten? Enzovoort.
  Als student moet je natuurlijk weten of dat in dit geval wel of niet belangrijk is om te weten.
  Stel: je denkt dat het belangrijk is om te weten wanneer de pijn optreedt en het antwoord van de patiënt (via de tutor) is: de hele dag. Dan zit je met de volgende vraag: Wat moet je met die informatie, hoe interpreteer je die? Wat is je volgende stap? Wat is je volgende vraag?

Om dit soort vaardigheden te oefenen, biedt men de studenten een (beperkte) casus aan, zodat ze de juiste vragen op het spoor leren komen en – als ze een antwoord op hun vragen hebben gekregen – leren hoe verder te gaan. De tutor beschikt over de antwoorden en stelt op die manier de groep in staat de hele redenering te doorlopen. Na afloop zal hij met de groep het proces analyseren en evalueren, zodat de groep een volgende keer het proces (nog) doelgerichter, conform de eisen van het beroep, weet aan te pakken.

6 Overige contactactiviteiten

Vaak beperkt een inleiding over probleemgestuurd onderwijs zich tot het werk in de onderwijsgroep, omdat dat werk een belangrijke plaats inneemt. Het gevaar bestaat dan dat men het werk in de onderwijsgroep ziet als het enige, echte studentgecentreerde of probleemgestuurde werken. Men ziet dan de andere activiteiten als bijkomstig en in ieder geval niet als studentgecentreerd of probleemgestuurd. Soms ziet men die andere activiteiten zelfs als iets wat afbreuk doet aan het zuivere probleemgestuurde karakter. Zo kan het gebeuren dat je verbaasde reacties krijgt als je zegt dat colleges een onderdeel vormen van een probleemgestuurd of studentgecentreerd curriculum. Het gevaar bestaat, dat studenten ervan uitgaan dat ze bij deze andere activiteiten geen actieve houding hoeven aan te nemen. Het duidelijkst kun je dat zien bij de colleges.

Naast de bijeenkomsten van de onderwijsgroep hebben ook andere vormen van contactonderwijs een plaats binnen een probleemgestuurd curriculum. Ze zijn noodzakelijk binnen het onderwijsprogramma, net als een onderwijsgroep.
   Ik geef twee soorten argumenten.
1 *Beroepsinhoudelijk*: in de onderwijsgroep ontwikkel je vooral de meer theoretische elementen van de competenties: inzichten in bepaalde onderwerpen, methodische benadering van die onderwerpen en de vaardigheden die daar onmiddellijk mee samenhangen, zoals het samenwerken in groepen. Er zijn ook andere vaardigheden – die daar niet ontwikkeld worden – die onmisbaar zijn voor een beroepsuitoefening. Voor het ontwikkelen en oefenen van die vaardigheden zijn er andere bijeenkomsten: de vaardigheidsgroep of het practicum.
2 *Onderwijskundig* en *onderwijsorganisatorisch*: het is niet altijd mogelijk of zinvol om alle inhouden via het werk in de onderwijsgroep te achterhalen. Soms is het handig en verstandig om bijvoorbeeld een college in te lassen. Colleges doen geen afbreuk aan het studentgecentreerde karakter. Ook hier is een actieve, zelfsturende opstelling van studenten mogelijk en geboden.

6.1 Het vaardighedenonderwijs of practicum

Het hoger beroepsonderwijs heeft als doel professionals af te leveren, mensen die in staat zijn om op professioneel niveau te handelen, actief op te treden. Dit professioneel actief optreden heeft vele aspecten en vormen. Een belangrijk deel daarvan wordt geoefend in het vaardighedenonderwijs. De bijeenkomst van de vaardigheidsgroep is een bijeenkomst van een – relatief – kleine groep studenten. Deze groep oefent onder leiding en begeleiding van een docent specifieke beroepsvaardigheden. De bijeenkomsten hebben een centrale plaats in het vaardighedenonderwijs.

beroepsvaardigheden

In het vaardighedenonderwijs onderscheiden we:
- de voorbereiding op de bijeenkomst van de vaardigheidsgroep
- de bijeenkomst van de vaardigheidsgroep
- het zelfstandig oefenen na afloop van de bijeenkomst van de vaardigheidsgroep.

6.1.1 De voorbereiding op de bijeenkomst van de vaardigheidsgroep

De relatie met de onderwijsgroep
De voorbereiding op de *vaardigheids*groep kan soms al liggen in de *onderwijs*groep. Zoals ik heb aangegeven is het in sommige opleidingen gebruikelijk om aan het eind van de voorbereidende bespreking twee soorten leerdoelen te formuleren: meer theoretische en meer praktische leerdoelen. In het vaardighedenonderwijs dat daarbij aansluit, werkt men dan aan de meer praktische leerdoelen.

Ook als het verband met het werk in de onderwijsgroep niet op die manier gelegd wordt, bestaat er in de regel wel enig verband met de onderwijsgroep. Als student ga je op zoek naar dat verband. Je kijkt voor de bijeenkomst in het programma, welke vaardigheden geoefend gaan worden. Vervolgens ga je na hoe die activiteiten passen in het geheel van het blok of samenhangen met dat wat in eerdere blokken of modules aan bod is geweest.

Als het goed is biedt het blokboek of de modulehandleiding voldoende informatie. Mocht dat niet zo zijn dan heb je meteen al een vraag klaar voor de eerste bijeenkomst van de vaardigheidsgroep.

De theorie
Als je een antwoord gevonden hebt op de vraag hoe de vaardigheden passen in het programma, dan weet je ook met welke theoretische inzichten de vaardigheden samenhangen. Stel jezelf de vraag of je nog specifieke zaken moet weten of bestuderen over de theorie die hoort bij deze vaardigheid, zodat je goed voorbereid bent op de oefeningen die je te wachten staan.

Schriftelijke instructies
In de regel wordt ook in het vaardighedenonderwijs gebruikgemaakt van schriftelijk materiaal: instructies, protocollen en ander materiaal. Het

minste wat je moet doen is van tevoren het betreffende materiaal doorkijken. Soms is het nodig dat je het materiaal goed bestudeert, om optimaal rendement te halen uit de bijeenkomst van de vaardigheidsgroep.

Vragen
Voordat je naar de vaardigheidsgroep gaat weet je dus niet alleen wat je te wachten staat, maar heb je eventueel ook een lijstje klaar van vragen of opmerkingen naar aanleiding van datgene wat je ter voorbereiding hebt gelezen en aandachtspunten, waar je in het bijzonder op gaat letten.

6.1.2 De bijeenkomst van de vaardigheidsgroep

Een bijeenkomst van de vaardigheidsgroep heeft meestal de volgende elementen.
- Een *gesprek* over het materiaal dat de studenten als voorbereiding hebben gelezen. Als het goed is ben je in staat om kort en kernachtig aan te geven:
  - wat je gelezen hebt
  - waar je dat gelezen hebt
  - wat je ervan vond (duidelijk, relevant, welke aandachtspunten je eraan ontleend hebt)
  - of je vragen en onduidelijkheden hebt gevonden.
- Een *demonstratie* van de activiteit door de docent of door een student onder leiding van een docent:
  - probeer het verband te zien tussen de opeenvolgende handelingen of activiteiten
  - probeer te zien waarom de activiteit met een handeling op die manier verricht is; wat is de motivatie?
- Een *oefening onder begeleiding* van de docent. Na de demonstratie krijgen enkele studenten de gelegenheid om de activiteiten te oefenen, onder begeleiding van de docent. Realiseer je dat het vaak niet mogelijk is dat alle studenten onder directe begeleiding kunnen oefenen. Bij veel opleidingen neemt het zelfstandig oefenen, zonder het wakend oog van de docent, een belangrijke plaats in. Het is dan van bijzonder belang dat je goed oplet met welke problemen de studenten te maken hebben en hoe de docent daarop inspeelt. Je kunt dat gebruiken bij het zelfstandig oefenen.
- Controleer of je dat wat je ziet ook terug kunt vinden in het schriftelijk materiaal dat hoort bij het vaardighedenonderwijs; bijvoorbeeld de beschrijving van de activiteit, de protocollen of wat er ook gebruikt wordt. Onduidelijkheden moet je altijd ter sprake brengen.

6.1.3 Het zelfstandig oefenen na afloop van de bijeenkomst van de vaardigheidsgroep

Na afloop van de bijeenkomst van de onderwijsgroep zul je in de regel zelf en zelfstandig moeten oefenen.
Bij sommige (beroeps)vaardigheden is het noodzakelijk dat deze oefe-

ningen in kleine groepen plaatsvinden, bijvoorbeeld in groepjes van drie: een student oefent de activiteit op een andere student en een derde observeert, vaak aan de hand van een protocol of lijst met aandachtspunten.

Na afloop van de activiteit geven degene die de activiteit heeft ondergaan en de observator feedback. Daarna wisselt men van rol, totdat iedereen elke rol heeft vervuld.

De organisatie van dit deel van het onderwijs verschilt per opleiding, maar het is goed om alert en actief te zijn, bijvoorbeeld bij het samenstellen van de kleine oefengroepen. Probeer ervoor te zorgen dat je in een groep komt met mensen met wie je goed kunt samenwerken. Als de groep is samengesteld, zorg er dan voor dat de afspraken om te oefenen worden gemaakt en uitgevoerd.

6.2 Colleges

Voor veel mensen zijn colleges het voorbeeld van een docentgecentreerd programma. Eventueel wil men een college nog accepteren als een 'noodverband', een hulpmiddel, als je niets beters weet. Zij staan verbaasd als ze horen dat colleges een plaats hebben binnen een studentgecentreerd curriculum.

studentgecentreerd curriculum

Het is zaak dat men bij elke activiteit en met name bij colleges nagaat of ze functioneel zijn in het programma. Het is echter niet zo dat je zonder meer kunt zeggen, dat colleges eigenlijk geen plaats hebben in een studentgecentreerd curriculum. In een studentgecentreerd programma vraagt ook een college een actieve houding van de student.

Voordat ik ga uitleggen wat die actieve houding inhoudt, wil ik de verschillende soorten colleges en hun plaats in het programma toelichten.

6.2.1 Inleidende colleges

Het is een goed gebruik om een blok of module te openen met een inleidend college.

De bedoeling van een inleidend college is meestal tweeledig.
1 De kern van het blok of de module en de plaats van het blok in het geheel van het programma wordt uiteengezet. Tegelijkertijd heeft de docent de mogelijkheid om de laatste mededelingen te doen over het blok en de organisatie ervan.
2 De valkuil bij een dergelijk college is dat vaak ook in het blok- of moduleboek al een inleiding op het blok staat. Als het college inhoudelijk niets toevoegt, hebben studenten terecht het gevoel dat het college overbodig is. De kans dat ze afhaken is dan levensgroot. Datzelfde geldt voor de praktische mededelingen. Studenten vragen zich af of het werkelijk noodzakelijk is om die tijdens het college te geven. Als ze de indruk hebben dat dat niet zo is, hebben ze een reden te meer om af te haken.

Vaak zie je dat studenten in het begin van de opleiding in groten getale naar de inleidende colleges komen, maar geleidelijk aan steeds meer afhaken. Het kan zijn dat dat te maken heeft met een – goede – ontwikkeling van de studenten: aanvankelijk hebben ze niet voldoende aan de informatie die op papier staat of die ze ergens zelf moeten zoeken. Na verloop van tijd hebben ze daar wel genoeg aan en is voor hen het inleidende college overbodig. Het lijkt dan logisch dat het college niet meer gegeven wordt.

6.2.2 Responsiecolleges

Vaak zijn er in de loop van een blok colleges ingeroosterd: *responsiecolleges*. Deze colleges hebben de volgende doelen.
– Tijdens het werken in de onderwijsgroep stuiten studenten soms op problemen, die ze zelf niet kunnen oplossen. Het is niet de bedoeling dat de tutor als inhoudelijk deskundige gaat optreden en deze vragen gaat beantwoorden. De vraag is of hij inderdaad zo deskundig is als hij denkt. Ook als hij niet alleen tutor, maar ook inhoudelijk deskundig is, is het nog niet goed dat hij tijdens de onderwijsgroep inhoudelijk op de materie ingaat. Daar is een onderwijsgroep niet voor. Een uitvoerige inhoudelijke uitleg van de docent verstoort het proces in de onderwijsgroep. Als de tutor meent dat een uitvoerige uitleg geboden is, is het juist belangrijk om die kwestie te bespreken met *alle* studenten van de jaargroep en daarvoor is het responsiecollege. vragen beantwoorden
– Er is nog een tweede reden voor een dergelijk college. Een module of blok duurt meestal maar vijf of zes weken. In die periode kun je maar aan een beperkt aantal onderwerpen werken. Docenten hebben die onderwerpen zo gekozen, dat jij in staat bent om na afloop ook andere problemen aan te pakken. In een probleemgestuurd onderwijs wil men immers juist bereiken dat studenten zelfstandig aan (nieuwe) problemen kunnen werken. Dus niet alleen aan de problemen die je tijdens het programma voorgeschoteld hebt gekregen, maar ook aan allerlei andere problemen, die je in de beroepspraktijk kunt tegenkomen. Men spreekt ook wel van 'transfer', kennis die je werkend aan het ene probleem hebt opgedaan, kun je gebruiken en toepassen als je geconfronteerd wordt met een ander probleem. Deze transfer is niet altijd even makkelijk. Met name voor beginnende studenten is het niet altijd mogelijk om te achterhalen, hoe je de kennis die je in de ene situatie hebt opgedaan, kunt toepassen in een andere situatie. Het kan dus van belang zijn dat een docent laat zien, hoe je met dat wat je geleerd hebt bij een bepaald onderwerp ook andere onderwerpen te lijf kunt gaan. De docent kan laten zien dat een bepaald onderwerp representatief is voor een hele serie onderwerpen. transfer bevorderen

6.2.3 Gastcolleges

Een laatste soort colleges zijn de *gastcolleges*. Professionals, ervaringsdeskundigen of anderen die te maken hebben met de beroepsuitoefening, vertellen hun ervaringen. Als het goed is, vormen deze colleges een aanvulling op dat wat het onderwijsprogramma biedt. Zij brengen op een bijzondere wijze de beroepsmatige relevantie van de stof aan het licht.

Het is natuurlijk wel van belang dat die colleges iets toevoegen aan het programma en dat de presentatie goed verzorgd is.

6.2.4 Actieve betrokkenheid bij de colleges

Bij colleges vervallen studenten vaak in 'docentgecentreerd' gedrag. Als de studenten zien dat er een college gepland is, gaan ze er heen en wachten op de dingen die komen gaan. De docent wordt afgerekend op zijn vaardigheid als 'info-tainer'. Weet hij de stof leuk te brengen en kan hij de aandacht van de groep vasthouden, dan is het college geslaagd.

Een *zelfsturende* student gaat anders met de colleges om.

De voorbereiding op het college
Niet alleen een docent bereidt zich voor op het college, ook de student. Bekijk van tevoren het onderwijsprogramma van het blok of de module, zodat je weet wat je kunt verwachten van het college.

Bereid eventueel vragen voor. Als het mogelijk is heb je van tevoren de vragen, op de juiste wijze, tijdig aan de docent overhandigd.

Tijdens het college
Je luistert actief: je probeert de lijn van het betoog van de docent te volgen en te noteren; als ze beschikbaar zijn met behulp van de hand-outs. Als je de draad kwijt bent, is er vaak gelegenheid om dat kenbaar te maken en om opheldering te vragen. Maak daar gebruik van.

Probeer te achterhalen hoe dat wat in het college gebracht wordt, samenhangt met de rest van het blok. Controleer of je vragen beantwoord worden en je verwachtingen uitkomen.

Na afloop van het college
Je loopt je aantekeningen nog een keer na. Zaken die niet duidelijk zijn, probeer je alsnog te verduidelijken, bijvoorbeeld door het een andere student te vragen.

Bij de blokevaluatie geef je een oordeel over de mate, waarin de colleges hebben bijgedragen om de doelstellingen van het blok te behalen.

6.3 Andere contactactiviteiten

Het is mogelijk, dat in een blok andere vormen van contactonderwijs zijn georganiseerd.

Een actieve houding van de student betekent ten aanzien van dergelijke activiteiten altijd dat je voorbereid naar zo'n bijeenkomst gaat. Je weet wat er van je verwacht wordt en je weet wat jij van die bijeenkomst kunt verwachten.

Tijdens de bijeenkomst doe je actief mee, tot en met de evaluatie aan het eind. Na afloop doe je het werk dat voortvloeit uit die activiteit.

evaluatie

Bij de evaluatie van het blok geef je een duidelijke beoordeling van alle contactactiviteiten. Centraal staat steeds de vraag in hoeverre en op welke wijze de activiteiten hebben bijgedragen aan het realiseren van de doelstellingen van het blok en uiteindelijk van de doelen van het curriculum.

Voor jezelf is het belangrijk dat je zicht krijgt op de wijze waarop je aan alle activiteiten hebt deelgenomen. Uit de balans die je hierover voor jezelf opmaakt, haal je je persoonlijke leerdoelen voor het volgende blok.

7 Binnenschools leren: zelfstandig studeren

7.1 Inleiding

In een probleemgestuurd curriculum is het aantal contacturen beperkt. Gemiddeld heeft een student ongeveer tien uur per week contactonderwijs, waar direct een docent bij betrokken is. Zoals we in de vorige hoofdstukken hebben gezien, valt onder contactonderwijs:
- de onderwijsgroep, waar een docent de rol van tutor vervult
- de vaardigheidsgroep, waar een docent als trainer of vaardigheidsdocent optreedt
- de colleges, waar de docent de rol van inhoudsdeskundige heeft.

De rest van de werktijd – het grootste gedeelte dus – organiseert een student zelf en vult hij met activiteiten, die we samenvatten onder het kopje *Wat is 'zelfstandig studeren'?*. In dit hoofdstuk zullen we de activiteiten die hier onder vallen, nader bekijken.

7.2 Wat is 'zelfstandig studeren'?

In de verhalen over het tegenwoordige hoger beroepsonderwijs hoor je soms twee tegengestelde meningen. Aan de ene kant beweert men, dat alles in groepen gebeurt en dat individuele prestaties niet tellen. Aan de andere kant wordt beweerd, dat studenten alles zelf maar moeten uitzoeken. De werkelijkheid is genuanceerder. Als het goed is biedt het curriculum een goede mix van individuele activiteiten en groepsactiviteiten, zoals je ook in het beroep op het ene moment samenwerkt met anderen en op een ander moment zaken individueel uitzoekt.

Over het zelfstandig studeren bestaan veel misverstanden, voor een deel veroorzaakt of minstens instandgehouden door onzorgvuldig taalgebruik.

Zo spreekt men bijvoorbeeld van 'zelfstudie'; een misleidend pleonasme, alsof studie iets zou zijn, dat je met vrucht kunt uitbesteden. Een studie doe je per definitie zelf of je doet het niet.

misleidende formuleringen

Een andere misleidende uitdrukking is 'docentonafhankelijk'. Laat je niets wijsmaken; ook binnen een studentgecentreerd curriculum is *niets* strikt genomen docentonafhankelijk. De opdracht die je immers zogenaamd docentonafhankelijk maakt, is geformuleerd door een docent en je prestaties worden na afloop – vaak – beoordeeld door een docent.

Docenten hebben een taak met betrekking tot het 'zelfstandig' studeren van de student.

Een docent dient te verduidelijken *wat* precies zelfstandig studeren is.

De kern van zelfstandig studeren is dat je precies weet *wat* je te doen staat en *hoe* je een klus moet aanpakken. Vandaar de uitdrukking zelfsturend leren of – als je de voorkeur geeft aan een Engelse uitdrukking – selfdirected learning.

Het weten *hoe* een klus geklaard moet worden, is niet iets wat iedereen voor zich uitvindt. De ontwikkelingen van de verschillende beroepen lopen uiteen. Maar alle beroepen hebben in de loop van de tijd een bepaalde methode ontwikkeld, die als 'best practice' wordt aanvaard binnen de beroepsgroep. Ook ten aanzien van het studeren geldt, dat er in grote lijnen overeenstemming bestaat over best practice, hoe je een studie het best kunt aanpakken.

Een docent dient te verduidelijken *hoe* je jezelf kunt bekwamen in het zelfstandig studeren, welke regels je in acht moet nemen. In dit hoofdstuk wil ik enkele van die regels uiteenzetten. Ik hoop dat het voldoende is om er mee aan de slag te gaan en jezelf daar al doende verder in te bekwamen.

7.2.1 Planning

In een probleemgestuurd curriculum is het zelfstandig studeren onder andere gekoppeld aan de bijeenkomsten van de onderwijsgroep. Je werkt aan de leerdoelen, die in de ene bijeenkomst zijn geformuleerd en waarvan je de resultaten in een volgende bijeenkomst bespreekt. We hebben het dan over een relatief korte tijd: van enkele dagen tot maximaal een week.

Een ander deel van de tijd die je zelf invult, is gekoppeld aan het vaardighedenonderwijs.

In de regel is er aan het eind van een blok een toets, ook daar zul je de nodige aandacht aan besteden.

Mogelijk zijn er ook nog andere opdrachten of taken, die een deel van je studietijd vragen. Het blokboek geeft je daarover uitsluitsel. Je eerste taak is ervoor te zorgen dat je een overzicht hebt over alle taken, waar je zelfstandig aan moet werken.

In het begin van de opleiding is alles nieuw en zul je veel tijd besteden aan het zelfstandig studeren. Het gevaar bestaat dat dat na verloop van tijd minder wordt, of dat je bepaalde taken vergeet of er gewoonweg niet aan toekomt.

maak planning tot gewoonte

Maak voor alle activiteiten een schatting van de tijd die je eraan wilt besteden. Houd jezelf voor dat je tijd niet verdeeld is in tijd voor contactonderwijs en 'vrije' tijd, maar dat er een driedeling is: contactonderwijs – zelfstandig studeren – vrije tijd. Docenten gaan ervan uit dat die eerste twee activiteiten samen een 'volle' werkweek in beslag nemen; gemiddeld dus ongeveer 36 uur per week!

In je planning geef je aan wat je gaat doen in de tijd die je gereserveerd hebt voor het zelfstandig studeren: werken aan de leerdoelen van de onderwijsgroep, zelfstandig oefenen voor het vaardighedenonderwijs, voorbereiden van de toets enzovoort.

Het verdient aanbeveling om de tijd voor zelfstandig studeren in je agenda in te roosteren en te plannen, net als de momenten van contactonderwijs: de colleges, bijeenkomsten van de onderwijsgroep enzovoort. Maak er een gewoonte van om aan het begin van elk blok je agenda op een dergelijke manier in te vullen.

7.2.2 Van leerdoelen naar leermateriaal: zoeken en selectie

Als de literatuur duidelijk is aangegeven, hoef je niet meer te zoeken en kun je meteen beginnen met het bestuderen van de opgegeven literatuur. Vaak is het wel zinvol dat je zelf de volgorde bepaalt (zie verder onder punt 3).

In veel opleidingen is het gebruikelijk dat je zelf literatuur moet zoeken, hetzij uit een beperkte lijst, hetzij in de bibliotheek. Deze manier van werken lijkt wel omslachtig, maar het voordeel is dat je daarmee een van de belangrijkste delen van wetenschappelijk onderzoek onder de knie krijgt: het zoeken en selecteren van materiaal.

leermateriaal zoeken

Het komt voor dat studenten geen literatuur bij een onderwerp kunnen vinden; misschien kan het volgende helpen.

De *zoekwoorden*, waarmee je de literatuurlijst bekijkt of waarmee je gaat surfen op internet, haal je uit de kernbegrippen van de probleemstelling en de leerdoelen. Je kunt de woorden soms *letterlijk* uit het leerdoel of de taak halen of je bedenkt een *synoniem*.

Bijvoorbeeld:
- Bij de taak over 'eb en vloed' kun je met enig nadenken komen op het woord 'getijden'.
- Bij de taak over 'pesten op school' kun je komen op 'pestgedrag'.
- Bij veel vakken hanteren we wetenschappelijke termen en Nederlandse uitdrukkingen naast elkaar. Leer ze beide te gebruiken als zoekwoorden. Als in een leerdoel de technische term staat (bijv. appendicitis), gebruik dan ook de Nederlandse vertaling van dat woord als zoekwoord en andersom: als in het leerdoel wordt gesproken van 'middenoorontsteking', zoek dan ook bij otitis media.
- Oefen je in het bedenken van synoniemen om zo je voorraad zoekwoorden – voor het geval het nodig is – uit te breiden.

Soms is het handig om een algemener, abstracter zoekwoord te gebruiken: de *discipline* waarbinnen het onderwerp dat je gaat bestuderen, thuishoort. Bijvoorbeeld: economie, organisatiekunde, voedingsleer enzovoort. Dergelijke zoekwoorden leiden je naar de desbetreffende handboeken. Met behulp van het handboek ben je in staat om het onderwerp

zoeken in de context: de discipline

in zijn verband, in het geheel van die discipline te plaatsen. Het stelt je in staat om het verband te zien met andere onderwerpen die ook in die discipline thuishoren. Op deze manier krijg je – terecht – het idee, dat je een beetje op bekend terrein bent. Je activeert zo je aanwezige kennis en je maakt het mogelijk om dit nieuwe onderwerp te plaatsen in dat – min of meer – bekende netwerk van begrippen.

Het kan zijn dat je zo succesvol bent geweest met je leerdoelen, dat je een enorme lijst met literatuur hebt. Je staat dan voor de taak om een selectie uit die lijst te maken. Wat ga je wel lezen en wat niet? Wat ga je eerst lezen en wat later? Hoe kun je op een efficiënte manier een keuze maken?

materiaal selecteren

Bij de eerste selectie ga je af op de titel. Soms geeft de titel direct uitsluitsel of een tekst wel of niet voor jou van belang is.

Het kan ook gebeuren dat je twijfelt. Dan kan het handig zijn om het boek of artikel er even bij te pakken. Bij boeken kijk je dan even naar de inhoudsopgave; meestal zegt dat genoeg of het boek geheel of gedeeltelijk van belang is of helemaal niet. Bij artikelen kijk je even naar de tussenkopjes, de samenvatting (meestal aan het eind) of de inleiding.

Op deze wijze stel je een lijst van te bestuderen literatuur samen die doenlijk is, binnen de tijd die je beschikbaar hebt. Als de lijst (veel) te lang is maak je een selectie, waarbij je nagaat welke boeken of artikelen het best aansluiten bij de probleemstelling en leerdoelen. Het verdient over het algemeen aanbeveling om met een handboek te beginnen. Een handboek stelt je in staat om een onderwerp in zijn bredere verband te zien. Bovendien geeft een goed handboek een goede standaardbeschrijving van het onderwerp; vervolgens ga je andere boeken en artikelen bestuderen.

Probeer aan de hand van de titel, inhoudsopgave of tussenkopjes een beeld te krijgen op welke punten je aanvullend informatie kunt verwachten. Controleer tijdens en na afloop van het lezen of je inderdaad op de verwachte punten nadere informatie hebt gekregen en wat die aanvulling precies inhoudt. Op deze manier bouw je een samenhangend geheel van kennis op en vermijd je dat je met een hoop onsamenhangende kenniselementen blijft zitten.

7.2.3 Bestuderen van leermateriaal

lezen in rondes

Bij het bestuderen van de literatuur ga je verder met de systematiek, waarmee je in feite al begonnen bent: het *actief lezen in rondes*.

Bij de selectie van literatuur speelt de vraag: Is deze tekst wel of niet van belang? Door als het ware de 'buitenkant' van de tekst te bekijken (hoofdstukindeling, tussenkopjes), heb je geprobeerd die vraag te beantwoorden. Aangezien het antwoord positief was – want je hebt de tekst geselecteerd – ga je nu verder: Welk deel precies is relevant? Van het handboek is immers niet altijd alles van belang. Je gaat niet iedere keer opnieuw het hele boek lezen, maar alleen het stuk dat nu relevante informatie verschaft.

Vaak vind je de meest relevante informatie aan het *eind*, waar de *samen-*

vatting of de *conclusie* staat, en/of bij de *inleiding*. Die stukken lees je eerst! Als je die stukken gelezen hebt, vorm je jezelf een beeld van de inhoud.

Aan de hand van de tussenkopjes probeer je dat beeld te verduidelijken. Besteed vooral aandacht aan die stukken, die het meest van belang lijken.

Ten slotte lees je – als je dat nuttig lijkt – de rest.

Je maakt op deze wijze elke keer weer een rondgang door de tekst, waarbij je van achter naar voren of van buiten naar binnen gaat. Elke ronde sluit je af met de vragen:
– Wat heeft het me opgeleverd?
– Is het de moeite waard om verder te lezen?
– Zo ja: wat kan ik verwachten?
– Hoe kom ik het best aan het antwoord op deze vraag?

Bij elke ronde controleer je of je een duidelijk overzicht hebt van de belangrijkste begrippen en inhouden en je probeert bij elke stap dat overzicht of schema verder in te vullen.

Bij deze vorm van actief lezen is het nuttig als je aantekeningen maakt. Bij het maken van aantekeningen kun je als volgt te werk gaan.

1 Noteer de *centrale begrippen* die je hebt ontleend aan de titel en die meestal overeenkomen met de zoekwoorden, die je hebt gehaald uit de leerdoelen of uit de probleemstelling. Zet deze begrippen ruim uit elkaar. Ga na welke gedachten deze begrippen bij je oproepen, wat je ervan denkt te weten.
Stel: je wilt iets lezen over 'zelfstandig studeren' en je hebt dit boek geselecteerd. Hoe verlopen dan de stappen?
Stap 1: Neem dit boek en bekijk de titel.
De centrale begrippen zijn: zelfstandig studeren – probleemgestuurd onderwijs – studentgecentreerd onderwijs.
Vertel jezelf in het kort wat deze begrippen voor jou betekenen, welke gedachten roepen ze bij je op, kun je je er iets bij voorstellen?
Vervolgens gaan we kijken of dat in overeenstemming is met de inhoudsopgave van het boek: stap 2.

2 Bekijk de inhoudsopgave en selecteer dat deel dat je op dit moment van belang lijkt. Ook deze begrippen schrijf je op.
In de inhoudsopgave zie je het woord 'zelfstudie' in hoofdstuk 2, paragraaf 2.2, deel 2 en bij hoofdstuk 3, paragraaf 3.2, deel 2.
Bij hoofdstuk 7 staat het echter in de titel van het hoofdstuk; daar begin je dus.
Uit de inhoudsopgave blijkt het volgende:
Zelfstandig studeren is zoiets als: selfdirected learning (vertaal dit! – niet alleen in het Nederlands, maar vooral naar je eigen begrippennetwerk, zodat je het aan een ander kunt uitleggen).
Zelfstandig studeren heeft te maken met planning, zoeken, selecteren en bestuderen van materiaal.
De vraag is: op welke manier? Stap 3.

3 Bekijk het slot en begin van het tekstgedeelte (hoofdstuk) dat je hebt geselecteerd. Zoek daar naar steekwoorden om je schema uit te werken en te preciseren.
Het slot van dit hoofdstuk wijst (nog eens) op het belang van planning en tijdig hulp vragen.
Het begin (inleiding) vertelt je dat zelfstandig studeren een groot deel van de totale studietijd uitmaakt.

4 Werk dit schema verder uit aan de hand van tussenkopjes en kernwoorden.
Paragraaf 7.2 beschrijft, volgens de titel, wat zelfstandig studeren is.
De belangrijkste kenmerken die daar worden genoemd, sporen we op door te letten op de kernwoorden.
In de eerste zin wordt gesproken over 'tegengestelde meningen'; je kunt verwachten dat dan ergens wordt uitgelegd welke dat zijn.
Begin tweede alinea wordt gesproken over 'misverstanden'; ook daarvan geldt dat je mag verwachten dat hier (of elders) iets gezegd wordt over de misverstanden met betrekking tot het zelfstandig studeren.
Na het blokje wit staat dat docenten een taak hebben met betrekking tot het zelfstandig studeren van studenten. Dat leidt tot de vraag: 'Wat houdt dat in?'
De derde regel begint met: 'De kern van zelfstandig studeren is...'
Een duidelijker signaal kun je nauwelijks verwachten. Hier zal de auteur dus wel aangeven wat de kern is van zelfstandig studeren. Hier kun je dus een (kern)definitie verwachten. Controleer dat!

Na deze globale lezing weten we met betrekking tot zelfstandig studeren:
– er zijn tegengestelde meningen
– er bestaan misverstanden over
– docenten hebben daar een taak in
– *de kern is: ...*

Dat laatste punt, de kern, lijkt me het belangrijkste. De rest vul je in voor zover jij het belangrijk vindt.

5 Deze verdere uitwerking roept weer vragen en gedachten op; die confronteer je met de desbetreffende delen van de tekst.
Ga nu de tekst scannen.
Let op kopjes, cursief gedrukte woorden en andere opvallende zaken en probeer de gedachten die je aan de hand van je steekwoorden hebt geformuleerd, verder uit te werken.
Noteer alleen steekwoorden, alsof het een spiekbriefje is. Je aantekeningen zijn alleen maar een geheugensteuntje voor jezelf, om dit proces achteraf te reconstrueren.

6 Zo ga je als het ware steeds verder in de tekst, waarbij je iedere keer weer je schema wat verder uitwerkt.

Kijk steeds naar je steekwoorden.
Laat een vraag bij je opkomen en zoek in de tekst een antwoord.
Als je in de tekst iets tegenkomt waar je zelf niet aan gedacht had, maar dat toch van belang is, probeer dat dan ook in je schema een plaats te geven.

7 Aan het eind heb je dan een schema op papier dat voor jou alle relevante informatie bevat.

8 Test jezelf door jezelf aan de hand van dat schema te vertellen wat je hebt bestudeerd. Stel jezelf enkele vragen en probeer ze te beantwoorden.
Voor de hand liggende vragen zijn:
– In hoeverre heb ik het leerdoel beantwoord?
– Waar en hoe gebruiken we dit onderwerp in het beroep?
– Kan ik concrete voorbeelden geven?
Mocht je op dergelijke vragen geen antwoord weten, dan stel je ze tijdens de bespreking in de onderwijsgroep.
Als het goed is heb je nu een blad met aantekeningen.
Je hebt hierop een serie steekwoorden genoteerd en je hebt aangegeven, wat de samenhang hiervan is.
Belangrijk is dat je aan de hand van dit 'spiekbriefje' voor jezelf kunt reconstrueren wat je gedaan hebt en wat je geleerd hebt.
Als je dat met behulp van dat briefje inderdaad aan jezelf kunt duidelijk maken dan kun je erop vertrouwen dat je goed voorbereid bent voor de onderwijsgroep: je zult het dan ook wel aan de groep duidelijk kunnen maken.
Je bent dan in de gelegenheid om je kennis te toetsen en te controleren of je alles goed begrepen en geïnterpreteerd hebt.

7.3 Overig materiaal

7.3.1 Internet

Via internet is het mogelijk over van alles en nog wat informatie op te vragen.
In principe kun je dezelfde methode gebruiken als beschreven in paragraaf 7.2.
Er zijn evenwel twee zaken waar je op moet letten.   *opgelet bij internet!*
1 De informatie die je van internet haalt, betreft vaak vrij concrete, afgebakende zaken. Het is aan jou om die informatie in de juiste context te plaatsen.
Dat wil zeggen dat je een antwoord moet bedenken op vragen als:
– In welke discipline hoort het thuis?
– Waar kan ik het gebruiken in een methodische probleembenadering?
Het is in ieder geval belangrijk dat je ervoor zorgt, dat je niet alleen maar onsamenhangende 'weetjes' verzamelt, die je na korte tijd weer vergeten bent.

2 Een ander probleem is dat internet ongecensureerd is. Als je een artikel in een tijdschrift leest, dan is dat artikel gescreend door een redactie. Als het een gerenommeerd vaktijdschrift betreft, dan mag je aannemen dat het artikel redelijk betrouwbaar is. Op internet kan iedereen van alles beweren zonder dat daar enige controle op is. Er zijn tal van voorbeelden te geven van 'broodjes aap' die rondzingen op internet ('Wetenschappelijk is bewezen, dat je van deodorant kanker krijgt'). Je zult dus extra op je hoede moeten zijn en jezelf afvragen of dat wat je onder ogen krijgt wel klopt. Bij het gebruik van internet is het raadzaam niet op een enkele bron af te gaan, maar meerdere artikelen of boeken te raadplegen.

De vraag hoe je informatie moet beoordelen, bespreek je ook in de onderwijsgroep. Zo kun je je vaardigheden ontwikkelen om het kaf van het koren te scheiden.

7.3.2 Audiovisueel materiaal

Bij de ene opleiding wordt meer dan bij andere gebruikgemaakt van audiovisueel materiaal. Audiovisueel materiaal kan een waardevolle aanvulling zijn op geschreven materiaal. Men zegt wel: één foto zegt meer dan duizend woorden. Bijvoorbeeld als men wil duidelijk maken hoe je bepaalde handelingen moet verrichten, hoe bepaalde zaken eruitzien, hoe groepsprocessen of mechanische processen verlopen.

Uiteraard heb je het meeste profijt van dat materiaal, als je weet waarom dit wordt aangeboden. Wat wil men hiermee verduidelijken? Als je dat weet, kun je er gericht naar kijken en jezelf afvragen of het materiaal bij jou het gewenste effect heeft gehad. Heb je het inderdaad 'gezien', of niet?

Bespreek met anderen – bijvoorbeeld in de bijeenkomst van de vaardigheidsgroep – wat het effect of de bijdrage is geweest van het audiovisueel materiaal, om te controleren of je inderdaad alles eruit gehaald hebt wat de bedoeling was.

8 Schriftelijke opdrachten

Vanaf het begin van de opleiding krijg je te maken met schriftelijke opdrachten. Zeker in het begin zijn deze opdrachten van beperkte omvang en leveren ogenschijnlijk niet al te veel problemen op. Toch is het goed om ook bij beperkte opdrachten een bepaalde, bewust gekozen, methodiek te volgen.

Ook de meest eenvoudige schriftelijke opdracht heeft op z'n minst een tweeledig doel.

doelen schriftelijke opdracht

1. Het officiële doel, waarvoor de opdracht wordt gegeven. Dat is de *inhoudelijke* kant.
2. De *formele* kant betreft de methodiek van het maken van schriftelijke werkstukken. Het is dus zaak om de opdracht zo aan te pakken dat ook dat tweede element uit de verf komt en dat je jezelf bekwaamt in de vaardigheid van het produceren van schriftelijke werkstukken.

De *inhoudelijke* kant is meestal wel duidelijk gegeven. In de regel zal de docent duidelijk aangeven waar de opdracht over moet gaan. Soms wordt ook nog aangegeven aan welke andere criteria een werkstuk behoort te voldoen: aantal pagina's, inlevertermijn enzovoort. Aangezien het in de eerste blokken om opdrachten van beperkte omvang gaat, zijn dergelijke criteria ook meestal summier aangegeven. Men beperkt zich tot het allernoodzakelijke. Bij de beoordeling zie je dan vaak dat vooral aandacht wordt besteed aan de inhoudelijke kant; daarop krijg je meestal heel duidelijk feedback.

De *formele* kant blijft vaak wat onderbelicht. Het gevaar bestaat, dat je je aanwent om bij het maken van schriftelijke werkstukken vooral aandacht te besteden aan de inhoud. Voor wat betreft de formele kant, de structuur, de indeling, ga je af op je intuïtie. Bij de eerste opdrachten zal dat vaak geen problemen opleveren, maar als de opdrachten complexer worden, kan het zijn dat je intuïtie onvoldoende soelaas biedt. Als je dan niet gewend bent om bewust aandacht te besteden aan de formele kant, heb je een extra handicap.

Mijn advies is dus om van het begin af aan bewust aandacht te besteden aan de formele kant van schriftelijke werkstukken, juist als die nog geen problemen oplevert. Ik ben ervan overtuigd dat je dan beter voorbereid bent als de opdrachten complexer worden en hogere eisen stellen op het gebied van de methodiek.

Er zijn veel boeken geschreven over het maken van schriftelijke werkstukken. Het probleem is dat die vaak erg omvangrijk zijn. Het ligt niet voor de hand dat je voor het schrijven van een werkstuk van een paar pagina's een boekwerk van vijftig of meer pagina's gaat doorwerken.

Ik wil nu in een paar pagina's wat aandachtspunten opsommen, waar je niet om heen kunt en die voor de eerste, beperkte opdrachten voldoende zijn. Blijkt nu dat je op bepaalde punten toch meer informatie of toelichting nodig hebt, dan kun je die gericht gaan zoeken in de literatuur over schrijfvaardigheid en het maken van schriftelijke opdrachten, of je kunt de docent een gerichte vraag stellen.

In het nu volgende ga ik ervan uit dat je individueel werkt aan de opdracht. Daarna zal ik ook nog enkele opmerkingen maken over het maken van een groepsopdracht.

8.1 Stappenplan voor het maken van schriftelijke opdrachten

8.1.1 Lezen van de opdracht

Je begint met het nauwkeurig lezen van de opdracht. Docenten willen graag dat je precies doet, wat ze vragen! Inventariseer welke aanduidingen, voorschriften, criteria en richtlijnen de opdracht – impliciet of expliciet – bevat.

Op basis van de formulering van de opdracht en je eigen invulling, beantwoord je de volgende vragen.
– Wat zijn de doelen van deze opdracht?
– Welke doelgroepen zijn er?
– Schrijf je het alleen voor jezelf en de beoordelende docent, of ook voor anderen, voor andere studenten?
– Wat is het onderwerp? Waar gaat het werkstuk over?
– Wat is de *centrale* vraag? Formuleer die in een zin, die als een rode draad door je werkstuk loopt.
– Wat is het formele karakter van de opdracht?
– Wat voor soort opdracht is het? Een evaluatie, een inhoudelijk verslag, een casusanalyse?
– In hoeverre duidt de centrale vraag op een beschrijvend, probleemoplossend of evaluatief karakter?
  • Zet deze vragen – en de antwoorden – kort en bondig op papier.
  • Formuleer bij elk van deze vragen aandachtspunten, waar je in het vervolg rekening mee houdt.
  • Zoek opheldering bij onduidelijkheden.

8.1.2 Plannen

Geef aan wanneer je aan de opdracht werkt. Maak een berekening en begin achteraan: Wanneer is de inleverdatum, hoe moet je de tijd daaraan voorafgaand indelen om op tijd klaar te zijn? Noteer in je agenda wanneer je de opdracht moet inleveren.

8.1.3 Bepalen van de structuur van het werkstuk

Inventariseer de belangrijkste inhoudelijke elementen, die nodig zijn om de centrale vraag volledig te beantwoorden.

Zet die elementen (de hoofdvragen) in de volgorde waarin je ze wilt behandelen. Deze ordening van de hoofdvragen zal corresponderen met de hoofdindeling van je werkstuk.

Als je dat gedaan hebt, beschik je over een structuurschema, dat bestaat uit (ten minste) de volgende onderdelen:
- de centrale vraag: deze bevat tevens een aanduiding voor de titel van het werkstuk
- de belangrijkste (hoofd)vragen: die bevatten aanduidingen voor (de titels van) de hoofdstukken
- een inleiding
- een slot.

Je geeft het *karakter* (beschrijvend, probleemoplossend, evaluerend, analyserend) van de hoofdvragen duidelijk aan.

8.1.4 Verzamelen en verwerken van informatie

In een werkstuk kun je meestal niet volstaan met het weergeven van je eigen opvattingen en ideeën. Over het algemeen is het de bedoeling dat je aangeeft, waar je die ideeën vandaan hebt of waar ze op gebaseerd zijn. Als je een werkstuk schrijft, meng je je in feite in een discussie, met mensen die er eerder over nagedacht en over geschreven hebben. In het werkstuk laat je op een of andere wijze zien, dat je van die discussie en die opvattingen op de hoogte bent en waarom je het al dan niet eens bent met bepaalde opvattingen.

je plaats in de discussie

Geef bij elke hoofdvraag aan welke activiteiten je moet ondernemen om aan de vereiste informatie te komen:
- literatuur bestuderen (incl. de literatuur, die was opgegeven in het blokboek!)
- interviews, gesprekken voeren
- eigen aantekeningen nakijken, met name als het gaat om evaluatieverslagen
- andere activiteiten uitvoeren, met name de activiteiten, die zijn aangegeven in de beschrijving van de opdracht (zie stap 1).

Maak een planning voor de activiteiten, die je in deze fase wilt ondernemen (dit is een verdere specificatie van de planning die je bij stap 2 had gemaakt).

Bij de uitvoering gebruik je de juiste methode en technieken; bij het bestuderen van literatuur pas je de regels toe van methodisch lezen (zie hfdst. 5); bij gesprekken gebruik je de juiste gespreks- of interviewtechniek enzovoort.

8.1.5 Bepalen van de structuur van de onderdelen (hoofdstukken)

Je werkt het schema verder uit. Je geeft per hoofdvraag aan, wat je daar wilt behandelen (subvragen). Deze subvragen beantwoord je in paragrafen of alinea's. Voordat je de subvragen beantwoordt, plaats je ze in de juiste, logische, volgorde.

Controleer of het formele karakter van het geheel en van de delen (beschrijvend, probleemoplossend, evaluerend, analyserend) duidelijk naar voren komt. Realiseer je dat niet elk onderdeel hetzelfde karakter moet hebben. Een evaluatief verslag kan zeer goed beschrijvende delen bevatten.

8.1.6 Uitschrijven van de (concept)tekst

Het schrijven van de tekst, op basis van het structuurschema, gaat in de regel in twee fasen.

Eerst schrijf je een *concepttekst*. Let daarbij op de volgende punten.
- Zorg voor een correcte zinsbouw, goedgekozen woordgebruik, foutloze spelling en een juiste interpunctie.
- Gebruik de spellingcontrole, maar realiseer je dat de spellingcontrole niet alle fouten uit de tekst haalt.
- Kies de juiste relationele stijl, afgestemd op de doelgroep.

8.1.7 Afwerken van de tekst

De tweede fase van het uitschrijven van de tekst is de afwerking.

Bij het afwerken van de tekst let je op de volgende punten, voor zover van toepassing.
- De *titelpagina* bevat:
  - titel (met eventuele ondertitel)
  - voorletter(s) en achternaam van de auteur
  - opleiding, (jaar)groep en studentnummer
  - datum van verschijning.
- Het *voorwoord* bevat informatie, die niet tot de eigenlijke tekst behoort, zoals een dankwoord en dergelijke.
- De *inhoudsopgave* wordt decimaal genummerd. De bronvermelding (literatuur) en de bijlagen krijgen een eigen nummering.
- De *paginanummering* loopt in de aanhangsels door.
- De *inleiding* bevat informatie over de achtergronden en het belang van het onderwerp, de probleemstelling, de verantwoording van de gevolgde aanpak en een overzicht van de opbouw van het betoog. De inleiding is meestal niet in paragrafen onderverdeeld en is zo kort mogelijk.
- De *samenvatting* bevat geen informatie, die niet in de voorafgaande tekst werd behandeld. Eventuele conclusies vermeld je in de *hoofdtekst*, bijvoorbeeld in het laatste hoofdstuk.
- De *indeling* van de hoofdtekst. De hoofdtekst is de eigenlijke tekst van je opdracht, zonder voorwoord, inleiding en samenvatting.
- De hoofdtekst is verdeeld in hoofdstukken en paragrafen.

- De lengtes van de hoofdstukken en van de paragrafen lopen niet teveel uiteen.
  - De titels in de tekst zijn gelijk aan die in de inhoudsopgave.
  - De titels zijn kort, maar geven correct de inhoud van het desbetreffende hoofdstuk weer.
- Maak spaarzaam gebruik van *citaten*; gebruik alleen bondige en typerende zinsneden.
  - Schrijf het citaat exact over.
  - Markeer begin en eind van het citaat met enkele aanhalingstekens: '...'.
  - Als je iets weglaat, geef je dat aan met drie punten: ...
  - Men moet de herkomst kunnen vaststellen, je verwijst dus naar de bron.
- Zorg ervoor dat je *illustraties* functioneel zijn. Als je ze hebt overgenomen, geef je de bron aan.
- Geef *tabellen* en *figuren* een titel en een (volg)nummer. Vergeet niet naar de bron te verwijzen!
- De *bijlagen* bevatten materiaal, dat wel de moeite waard is, maar omdat het te gedetailleerd is, onderbreekt dit materiaal te veel de lijn van de (hoofd)tekst.
- Het *taalgebruik* dient correct te zijn.
- De vereiste *omvang* van de werkstukken is – in de regel – exclusief het omslag, de titelpagina, inhoudsopgave, literatuuropgave en bijlage(n).
- *Verwijzingen* in de hoofdtekst. Bij verwijzingen in de tekst kun je (verwijzende) *voetnoten* achterwege laten.

Voorbeelden:
- Verwijzing naar een *publicatie* van een auteur:
  - voorbeeld: Volgens Janssen (2004) ...
  - of: In een recent artikel over de visstand in de Noordzee (Janssen, 2004) ...
- Verwijzing naar een of meer *pagina's* in een publicatie:
  - voorbeeld: Volgens Horstink (2002, p. 10) ...
  - of: (Horstink, 2002, p. 10-12).

In de *literatuurlijst* geef je de correcte beschrijving van de literatuur, waar je in de tekst naar verwijst.

8.1.8 De literatuurlijst

De *titelbeschrijving* in de *literatuurlijst* geschiedt als volgt:
- Bij *boeken* vermeld je achtereenvolgens:
  - naam (komma) en voorletter(s) van de auteur(s) (punt)
  - jaar van (laatste) uitgave: tussen haakjes (punt)
  - titel (en eventuele ondertitel): onderstreept of cursief (punt)
  - eerstgenoemde plaats van vestiging van de uitgever (dubbele punt)
  - uitgever (punt)

  Voorbeeld: Heijne, R.A.M. (2005). *Zelfstandig studeren in probleemgestuurd onderwijs*. Houten: Bohn Stafleu van Loghum.
- Bij *tijdschriftartikelen* vermeld je achtereenvolgens:

- naam (komma) en voorletter(s) van de auteur(s) (punt)
- jaar van uitgave (tussen haakjes) (punt)
- titel van het artikel. De titel wordt voluit vermeld (punt). Een eventuele ondertitel wordt weggelaten.
- naam van het tijdschrift (cursief, komma) en nummer van de jaargang (cursief, komma)
- begin- en eindpagina van het artikel (punt).

Voorbeeld: Heijne, R.A.M. (1999). Retrospectief: de ontwikkeling van een op PGO gebaseerd curriculum aan de HBO-V van de Hogeschool Limburg. *Onderwijs en gezondheidszorg, 3,* 70-74.

8.1.9 De typografie

Enkele opmerkingen over de *typografie*.
- De pagina's zijn genummerd; de paginanummers staan bij voorkeur onderaan, in het midden.
- Na een leesteken komt een spatie.
- Achter de titel of een kopje komt geen leesteken, hoogstens een vraag- of uitroepteken.
- Spring eventueel bij een alinea drie spaties in; na een kopje of een witregel niet inspringen.
- Wees spaarzaam met witregels, gebruik ze om grote overgangen in het betoog aan te geven.
- Laat tussen kopjes en de tekst enkele regels wit open. Boven een kopje komt één witregel meer dan eronder.
- Plaats geen titel of kopje onder aan een pagina; er moeten minstens drie regels onder kunnen staan.
- Vermijd zo veel mogelijk pagina's met slechts enkele regels tekst, die verder blanco zijn.
- Achter de titel of een kopje komt nooit een literatuurverwijzing.
- Wees zuinig maar wel consequent in het gebruik van cursiveringen, onderstrepingen en dergelijke.
- Achter het laatste cijfer van de decimale codering staat geen punt.
- Gebruik geen Romeinse cijfers ter aanduiding van hoofdstukken en paragrafen.

Ten slotte loop je aan de hand van deze richtlijnen het resultaat nog even na.

8.2 Groepsopdrachten

Sommige opdrachten maak je samen met anderen. Als het een schriftelijke opdracht betreft volg je in grote lijnen de richtlijnen van paragraaf 8.1. Omdat het een samenwerkingsopdracht is kun je ook elementen van het werken in de onderwijsgroep – de 7-sprong – gebruiken. Je schuift dus het een en het ander in elkaar en je komt tot een soort aangepaste 7-sprong voor dit soort opdrachten. Ik zal in het kort aangeven hoe dat er volgens mij uitziet.

Net als bij de gewone 7-sprong kunnen we ook hier weer een driedeling aanbrengen:
- voorbereiding
- zelfstandig werken
- nabespreking; indien nodig leidt de nabespreking tot een nieuwe voorbereiding voor een volgend onderdeel van de taak; die wordt weer gevolgd door:
  - zelfstandig werken
  - nabespreking enzovoort.

Deze structuur kun je gebruiken bij elke groepsopdracht. Ik neem als voorbeeld het gezamenlijk werken dat leidt tot een schriftelijk werkstuk.

8.2.1 De voorbereiding

Als je afspreekt om samen een opdracht te maken en een datum, tijdstip en plaats bepaalt om bij elkaar te komen, spreek dan meteen het volgende af.
- Iedereen leest van tevoren de opdracht en geeft antwoord op de subvragen, die genoemd staan bij stap 1 'Lezen van de opdracht' (par. 8.1.1), zodat iedereen goed voorbereid naar de bijeenkomst komt.
- Beslis wie de rol van voorzitter of gespreksleider op zich neemt.
- Wissel telefoonnummers en/of e-mailadressen uit en spreek af hoe je laat weten als je verhinderd bent.

De voorzitter neemt het initiatief bij deze samenkomst.

Als je in het blokboek geen (uitvoerige) instructies vindt, werk je aan de hand van het schema van paragraaf 8.1. Met enige aanpassingen kun je dat schema ook gebruiken voor andere dan schriftelijke opdrachten.

Lezen van de opdracht
Je begint met het lezen van de opdracht.

Je bespreekt de antwoorden op de subvragen van stap 1.

De discussie kan ertoe leiden, dat je de antwoorden die je zelf had bedacht, aanpast. Noteer die aanpassingen. Aangezien iedereen dat doet, werk je in deze fase over het algemeen niet met een notulist.

Deze fase is afgesloten als de *inhoudelijke* en *formele* kant van de probleemstelling voor iedereen duidelijk is. Je weet met welk onderwerp je je gaat bezighouden en wat voor soort opdracht het is.

probleemformulering

Als je een presentatie voorbereidt, weet je precies wat de inhoud is van die presentatie en wat het doel (alsmede: doelgroep) en het karakter is: informatief, onderhoudend, confronterend.

Het is raadzaam dat iedereen dat noteert. Voor alle zekerheid schrijft de notulist de probleemstelling op het bord of op de flap-over (als leidraad voor de volgende fase).

Als je overeenstemming hebt bereikt over de antwoorden en de formulering van de probleemstelling ga je naar de volgende stap.

Het bepalen van de structuur van het werkstuk
Op basis van de probleemstelling ga je nu relevante ideeën *inventariseren*, zowel wat betreft de inhoud als de aanpak. Besteed hier niet te veel tijd aan. Spreek af dat je hier bijvoorbeeld een minuut of vijftien aan besteedt.

Aansluitend ga je de ideeën *structureren*.

structuur

Als je de ideeën in een structuur hebt ondergebracht kijk je of dit in voldoende mate een betrouwbaar beeld geeft van het onderwerp. Controleer of je belangrijke onderdelen mist. Controleer of de aard of het karakter van het werkstuk tot zijn recht kan komen in de structuur die je hebt ontworpen.

Als iedereen tevreden is met de structuur, ga je na wat er nodig is om deze structuur verder uit te werken. Welke informatie is nodig voor welke onderdelen? Welk materiaal is nodig?

Planning en taakverdeling
Maak een taakverdeling: wie zoekt welke informatie op en hoe wordt de informatie de volgende keer aangeleverd: in de vorm van een samenvatting, een concepttekst of wordt de informatie eerst alleen maar bediscussieerd (als in de onderwijsgroep)?

Welk ander materiaal is nodig?

Spreek een volgende bijeenkomst af en bepaal wie dan voorzitter en notulist is.

Spreek af of je elkaar van tevoren stukken toestuurt (via e-mail) en hoe het materiaal wordt aangeleverd.

8.2.2 Zelfstandig werken

Na de bijeenkomst ga je aan de slag met de taken die je hebt gekregen.

Voor de tijd tussen de twee bijeenkomsten laat je je leiden door dat wat gezegd is in hoofdstuk 7 over zelfstandig leren (selfdirected learning).

8.2.3 Nabespreking

In de volgende bijeenkomst presenteert iedereen, zoals is afgesproken, het resultaat van zijn activiteiten.

Iedereen controleert of de bijdragen inderdaad de gewenste antwoorden bevatten en of de bijdragen goed op elkaar aansluiten.

Afhankelijk van de aard en de omvang van de opdracht kunnen nu weer nieuwe, aanvullende taken geformuleerd worden. Als dat niet nodig is kun je afspreken op welke wijze de bijdragen worden samengevoegd tot een concepttekst en wie voor de verdere afwerking van de tekst zorgt.

Ook hier neem je weer de relevante punten van paragraaf 8.1 in acht.

8.2.4 Evaluatie

Net als bij de onderwijsgroep sluit je ook hier elke bijeenkomst af met een *evaluatie*.

Bij de evaluatie let je op:
- de inhoud: is iedereen tevreden over het inhoudelijke resultaat?
- de methode: is de gevolgde methode voor iedereen duidelijk en logisch?
- de samenwerking: heeft iedereen in voldoende mate deelgenomen aan het proces en heeft iedereen zijn inbreng gehad?

9 Buitenschools leren

Het curriculum bestaat uit twee hoofdbestanddelen: het *binnenschoolse* en het *buitenschoolse* traject. Het buitenschoolse traject bereidt je heel direct voor op het beroep, zodat je aan het eind van het traject in staat bent om je als beginnend professional te presenteren. Men wil *zien* dat je je terecht presenteert als professional; vandaar dat meestal aan het eind van het traject een periode is ingebouwd, waarin je kunt bewijzen dat je je terecht als professional presenteert. De beste plaats waar je dat kunt bewijzen is daar waar het beroep wordt uitgeoefend; dat is een andere plaats dan de school waar je op het beroep wordt voorbereid.

buitenschools leertraject

Ter voorbereiding op deze laatste periode waarin je kunt laten zien dat je over de vereiste competenties beschikt, heb je meestal al gelegenheid gehad om met het beroepsveld kennis te maken en daarbinnen te werken en te oefenen.

Het centrale doel van de periodes in het werkveld is in beginsel hetzelfde als het centrale doel op school:
- competenties ontwikkelen, die vereist zijn om als professional op te treden
- demonstreren dat je (bepaalde) competenties hebt ontwikkeld.

In het hele curriculum staat het leren centraal, maar de plaats verschilt. Sommige zaken zijn beter te leren binnen de muren van de school: het binnenschoolse traject. Andere zaken leer je beter buiten de school, op de plaatsen waar professionals actief zijn: het buitenschoolse traject.

In het buitenschoolse traject kun je verschillende onderdelen tegenkomen. In het volgende wil ik kort aandacht besteden aan de contacten met de instellingen of bedrijven; deze vinden vaak al plaats in het eerste jaar. Daarna wil ik iets zeggen over de stages en het studeren in het buitenland.

9.1 Contacten met instellingen of bedrijven

Bij meerdere opleidingen komen de echte stages pas aan het eind van de opleiding, omdat men van mening is dat je na een flinke voorbereiding pas zinvol kunt oefenen en leren. Dit is bijvoorbeeld het geval bij opleidingen op het gebied van de gezondheidszorg, zoals fysiotherapie en bij technische opleidingen.

instellingencontact

Om je een beeld van het beroep te geven heeft men soms in het begin van de opleiding iets georganiseerd, zodat je in contact kunt komen met het beroep en met mensen, die het beroep uitoefenen: het instellingen- of bedrijvencontact. De bedoeling is dat je op gezette tijden – bijvoorbeeld gedurende een bepaalde periode, een keer per week – naar een instelling of bedrijf gaat en daar optrekt met de mensen die er werken en dat je vooral je ogen goed de kost geeft.

Een andere mogelijkheid, met ongeveer dezelfde doelen, is de zogenaamde snuffelstage: een korte periode, die je in staat stelt kennis te maken met de beroepswerkelijkheid, soms ook omschreven als 'een stage met de handen op de rug'. Hiermee wil men aangeven dat je alleen maar mag kijken; je staat immers nog aan het begin van je studie. Echt actief handelend optreden is er nog niet bij. Wel wordt van je verwacht dat je betrokken bent, je ogen open hebt, nieuwsgierig bent, vragen stelt. In die zin ben je wel degelijk actief.

doelen

Een van de belangrijkste doelstellingen van deze contacten is dat je jezelf de vraag stelt en deze beantwoordt: "Wil ik dit beroep eigenlijk wel? Zie ik mezelf over een paar jaar dit beroep uitoefenen?"

Een van de doelen van het eerste jaar van het curriculum, de propedeuse, is de *selectie*.

Veel studenten zien selectie als iets dat ze ondergaan; de opleiding of docenten maken een selectie. Zij kiezen uit welke studenten door mogen gaan of niet. Maar je kunt selectie ook zien als iets dat je zelf doet: jij selecteert een studie, jij besluit of je een studie wilt volgen of niet en of je bij je keuze blijft of niet.

De belangrijkste reden om die keus te maken is of je de indruk hebt of de studie – en dus het beroep waartoe de studie opleidt – iets is wat je jezelf ziet doen. Als dat het geval is, dan is het logisch dat je je erin gaat verdiepen, dat je van alles wilt weten en dat je met mensen, die het beroep al uitoefenen, contact wilt hebben. Dat is precies de houding die je (toekomstige) collega's van jou verwachten en die je bij deze instellingen- of bedrijvencontacten aan de dag legt: nieuwsgierigheid, gretigheid, willen weten hoe iets in elkaar zit, waarom wordt dat zo gedaan?

Ik ga ervan uit dat je van de opleiding instructies krijgt over dit onderdeel.

aandachtspunten

Het eerste advies is derhalve: zorg ervoor dat je beschikt over de instructies of richtlijnen die de opleiding heeft opgesteld.
– Lees die goed en formuleer voor je zelf, hoe je die instructies of voorschriften in praktijk gaat brengen.
– Stel een plan op. Wat wil je bereiken? Hoe ga je dat aanpakken? In welke volgorde? Wanneer?
– Bespreek dat plan met iemand van de stageplaats, met andere docenten, met je docent/begeleider.

Ook als het niet door de opleiding gevraagd zou worden, is het belangrijk om dit plan schriftelijk vast te leggen. Het blijkt namelijk vaak dat iets volkomen duidelijk lijkt, zolang je het in je hoofd hebt. Als je het opschrijft, blijkt vaak dat het toch niet zo duidelijk is.

Als je je plan duidelijk op papier hebt kan het beter als leidraad dienen voor je verdere handelen. Als je het niet noteert kan het gebeuren dat je het vergeet of dat het niet meer zo duidelijk is als dat je aanvankelijk dacht.

Bovendien verlangt de school vaak een verslag, hetzij als een zelfstandig beoordelingsinstrument, hetzij als onderdeel van een omvangrijker iets: een portfolio of een Persoonlijk OntwikkelingsPlan (POP).

In dat geval combineer je twee zaken:
1 voldoen aan de eisen die de opleiding stelt
2 voor jezelf je (persoonlijke) bedoelingen en doelstellingen verduidelijken.

Mocht je er moeite mee hebben om de eisen van de opleiding en je persoonlijke doelstellingen te combineren, dan kun je dat het best met de desbetreffende docenten en/of medestudenten bespreken.

9.2 Stages

De stages, of 'praktijkleerperiodes', vormen een belangrijk deel van het buitenschoolse traject. Dit traject is een geïntegreerd onderdeel van het probleemgestuurde of studentgecentreerde curriculum. In principe ontplooi je dus dezelfde activiteiten als in het binnenschoolse traject.

9.2.1 Doelen stellen

Over het algemeen heeft de opleiding algemene doelen geformuleerd voor elke praktijkleerperiode of stage. Het is aan jou om doelen te stellen die precies passen bij jou en jouw leertraject.

zelf doelen formuleren

Vraag je af of de doelen, die de opleiding heeft geformuleerd duidelijk zijn. Als ze duidelijk zijn, dan zie je in dat het voor jou als (aankomend) professional van belang is om die doelen te behalen. Op die manier motiveer je jezelf; je zorgt ervoor dat de doelen van je stage jou motiveren.

Zet de doelen zoals jij ze geformuleerd hebt, op papier. Als je dan aan het eind terugkijkt en je stage evalueert, kun je zien of en in hoeverre je er inderdaad in geslaagd bent de door jou geformuleerde doelen te behalen.

9.2.2 Oriënteren en plannen

In het begin – de oriëntatiefase – bekijk je hoe je je doelen kunt realiseren.

Je hebt bepaalde ideeën en verwachtingen. Dat is je voorkennis; die ga je activeren, doordat je jezelf probeert voor te stellen, hoe je aan je doelstellingen gaat werken en wat je hoopt te bereiken.

zelf plan opstellen

Deze verwachtingen en ideeën vergelijk je met de informatie, die je in het begin krijgt van de stageplaats en eventueel van de opleiding. Op die manier formuleer je een plan: je geeft zo duidelijk mogelijk aan wat je gaat doen, wanneer en hoe. Zorg ervoor dat je duidelijk hebt vermeld wanneer de evaluatiemomenten zijn en met wie je evalueert: met je stagebegeleider, met medestudenten, met de docentbegeleider.

9.2.3 Uitvoeren van leeractiviteiten

Na de oriëntatie ga je – overeenkomstig het plan dat je hebt opgesteld – aan het werk.

Probeer elke stagedag een moment in te bouwen, waarop je jezelf afvraagt of de stage verloopt zoals je had verwacht.

Kijk kritisch naar jezelf en vraag je af hoe je werkt.
- Lopen de contacten met de collega's goed?
- Hoe ga je om met de cliënten of patiënten?
- Heb je de indruk dat je goed meedraait in het geheel?

bij twijfel — Zeker als je twijfels hebt, is het goed daarover te praten met je begeleiders of eventueel met collega's of medestudenten. Niemand zal het je kwalijk nemen als je niet van begin af aan perfect in het plaatje past. Sterker nog: men zal het positief waarderen als je – op een reële manier – je functioneren wilt bespreken. Men zou het je wel kwalijk nemen als je je kop in het zand steekt, als je net doet alsof alles perfect verloopt, terwijl er feitelijk wat op je functioneren valt aan te merken.

Door over je functioneren te praten, leer je wat je sterke en minder sterke kanten zijn. Goed omgaan met de feedback die je van anderen vraagt en krijgt, betekent dat je als het ware door de ogen van anderen naar jouw functioneren leert kijken. Je ziet iets van je zelf, dat je eerder niet in de gaten had of dat je niet *wilde* zien.

Het kan zijn dat je in de loop van het traject je doelstellingen of je planning moet aanpassen. Ook dat is geen teken van zwakte. Juist door je nieuwe ervaringen ben je in staat je doelen en plannen realistischer te formuleren.

9.2.4 Zelfsturend leren en verslag

Als je heel bewust deze stappen inbouwt in je stage, ben je in feite jezelf aan het sturen. Op basis van allerlei gegevenheden – de aard van het beroep, de eisen van de opleiding, de situaties op de stageplaats – plan je en reguleer je zelf je leeractiviteiten, je voert ze uit en stelt zonodig je plannen bij. Dat betreft alle dimensies van je werk, voor zover van toepassing: de omgang met cliënten of patiënten, met collega's en begeleiders. Uiteraard betreft dit ook de inhoudelijke kant van het werk.

plannen en reguleren

Houd een dagboek bij, waarin je deze ervaringen noteert; werk zo mogelijk dagelijks aan dit dagboek. Als je van de opleiding instructies hebt gekregen over dit dagboek (of logboek, verslag), dan houd je je eraan.

Deze aantekeningen vormen een belangrijke basis voor je stageverslag. Kijk dus goed naar de eisen die de opleiding stelt aan je stageverslag en noteer voor jezelf in je dagboek, waar je op moet letten bij het maken van je verslagen.

9.2.5 Evalueren

Zoals we ook in het binnenschoolse traject hebben gezien is evaluatie iets wat je eigenlijk voortdurend doet. Het is kenmerkend voor een professional (in wording), dat hij bij alles wat hij doet voortdurend zichzelf in de gaten houdt, beoordeelt en – indien nodig – bijstuurt.

jezelf bijsturen

Op bepaalde, cruciale momenten staan we daar heel uitdrukkelijk bij stil. Vaak geeft de opleiding al aan wanneer uitdrukkelijk geëvalueerd wordt. Dat zal altijd wel zijn aan het eind, maar in de regel ook een of meer keren in de loop van het traject.

Uiteraard is het ook aan jou om die evaluaties goed voor te bereiden. Het is namelijk niet zo dat dat gelegenheden zijn, waarbij alleen maar anderen hun oordeel over jou geven. Je kunt het eerder zo zien, dat jij aan anderen laat zien hoe je jezelf beoordeelt. Het is van belang, dat deze zelfbeoordeling realistisch is, stel jezelf niet beter voor dan je bent. In de regel prikken begeleiders daar doorheen, maar je hoeft jezelf ook niet minder af te schilderen dan je bent.

Op deze wijze werk je in de praktijkleerperiode aan de ontwikkeling van de competenties die vereist zijn voor een professional en stel je jezelf en anderen in staat om jou in de praktijk – in de acties van de beroepsuitoefening – te beoordelen of en in hoeverre je daadwerkelijk in staat bent als professional op te treden.

9.3 Studeren in het buitenland

In de laatste jaren zijn de mogelijkheden om in het buitenland te studeren flink toegenomen. Strikt genomen behoort dit niet tot het *buitenschoolse* programma; je studeert in die periode wel buiten de muren van je eigen onderwijsinstelling, maar binnen de muren van een andere school.

Ik wil niet veel aandacht besteden aan het studeren in het buitenland, omdat bij de meeste opleidingen deze mogelijkheid zich pas voordoet in het laatste gedeelte van het curriculum. Het is echter wel goed om je al in het begin van je opleiding op de hoogte te stellen van de mogelijkheden die jouw school biedt en je af te vragen of het niet goed voor je is om van die mogelijkheden gebruik te maken.

Een verblijf in het buitenland kan een enorme stimulans zijn voor je leerproces. Als je een tijd in het buitenland hebt gestudeerd wordt dat over het algemeen positief gewaardeerd en breng je iets extra's in bij een sollicitatie.

Als je er iets voor voelt om in het buitenland te gaan studeren, is het goed om al in een vroeg stadium een keuze voor jezelf te maken. Je kunt je dan beter voorbereiden op je verblijf in het buitenland. Ik denk met name aan (aanvullende) taalcursussen, oriëntatie op het land van je keuze en op de mogelijkheden die er liggen voor jouw beroepsgroep. Zo mogelijk plan je enkele vakanties in dat land, zodat je de sfeer kent en je nog bewuster kunt aangeven, waarom je naar dat land wilt (of toch maar liever niet).

Bij de meeste opleidingen kun je via een decaan informatie verkrijgen over de mogelijkheden van studeren in het buitenland. Kijk anders in het boekje over studeren in het buitenland, uitgegeven door de NUFFIC en in de brochure van Informatie Beheer Groep, met als titel *Je gaat studeren in het buitenland*.

10 Toetsing

Veel hbo-instellingen hebben lange tijd geworsteld met de vraag, hoe studenten het best getoetst konden worden. Men had allerlei nieuwe werkvormen ingevoerd waarbij studenten zelfstandig aan de slag konden en allerlei vaardigheden konden ontwikkelen. Het toetssysteem bleef echter lange tijd grotendeels buiten die nieuwe ontwikkeling en vaak wat eenzijdig gericht op het toetsen van een onderdeel: het toetsen van kennisverwerving. Het ging dan weer om de vraag of je kon weergeven wat in de boeken stond en minder of je zelf iets creatiefs met die kennis kon doen.

De onvrede hierover heeft geleid tot vele nieuwe ontwikkelingen en natuurlijk tot veel nieuwe termen en begrippen. In het nu volgende zal ik de belangrijkste begrippen de revue laten passeren, omdat ik ervan uitga dat je al vrij snel in je opleiding met die termen te maken krijgt.

Het doel van dit hoofdstuk is niet alleen dat je de verschillende begrippen kent, die men tegenwoordig gebruikt als het over toetsen en dergelijke gaat. Nog belangrijker vind ik de houding die je hebt tegenover het 'toetsgebeuren'. Veel studenten zien het als een noodzakelijk kwaad, dat ze – zucht, zucht – noodgedwongen moeten ondergaan. Ik zou willen bereiken dat je de toets ziet als een belangrijk onderdeel van het curriculum en een instrument in jouw handen, waarmee je doet wat voor jou belangrijk is:

de toets is van jou

– jezelf testen
– jezelf presenteren en laten zien wat je kunt
– inzicht krijgen in wat je nog niet weet en kunt, zodat je nieuwe leervragen kunt formuleren.

Tot slot wil ik ook wat praktische tips geven bij een toetsvorm die nog veel gebruikt wordt en waar veel studenten vaak moeite mee hebben: de multiplechoice-toetsing en/of de toets met gesloten vragen.

10.1 Verklaring van begrippen

De centrale doelen van het hbo hebben we als volgt samengevat: Aan het eind van de opleiding heeft de student de competenties verworven, die vereist zijn om zich als beginnend professional te presenteren.

In de loop van de opleiding ontwikkel je bepaalde competenties. Een competentie is het vermogen om professioneel gedrag ten toon te spreiden, om dat te doen wat je van een professional mag verwachten. Uiteraard verschilt dat per beroep en per situatie. In het ene geval betekent het dat je een vergadering kunt leiden, even later betekent het dat je een innovatieplan kunt uitwerken en presenteren. In weer een andere situatie betekent het dat je een brug kunt construeren of een uitgewerkte casus kunt toelichten. In al die situaties waarin je als professional optreedt, spelen steeds dezelfde elementen mee: gedrag, kennis en technische en sociale vaardigheden. Deze elementen samen vormen een competentie.

In de loop van de opleiding wil men toetsen of en in welke mate studenten op weg zijn om zich die vereiste competenties te verwerven. Dit toetsen van de ontwikkelingen op dit gebied – het verwerven van competenties – wordt vaak *assessment* genoemd.

assessment

In een studentgecentreerd curriculum is toetsing niet iets wat er zo maar bij hangt, maar een wezenlijk onderdeel van het onderwijsprogramma en gebaseerd op dezelfde uitgangspunten als de rest van het programma. Bij de toetsing is er dus ook sprake van een grote mate van zelfstandigheid en zelfwerkzaamheid van de kant van de student. Hij is niet iemand die de toetsing 'ondergaat', maar in belangrijke mate degene die de toetsing uitvoert. In het nu volgende wil ik proberen dit duidelijk te maken, zodat je die actieve rol zo goed mogelijk kunt waarmaken.

10.2 Doel van toetsing

Toetsing heeft verschillende doelen en kan gebruikt worden als een instrument voor begeleiding: een docent of andere begeleider kan zien welke ontwikkeling je doormaakt en aan de hand daarvan op maat gesneden adviezen geven. Het is aan jou om te beslissen wat je met die adviezen doet. Uiteraard komt de verantwoording van die beslissing weer in een reflectieverslag en dat kun je dan weer bespreken met je begeleider. Dit noemt men ook wel *formatieve* toetsing.

formatieve toetsing

Daarnaast heeft toetsing ook nog andere doelen. Deze andere doelen horen bij dat wat gewoonlijk *summatieve* toetsing wordt genoemd; ik denk hier aan beoordeling, selectie en certificering.

summatieve toetsing

- Toetsing als *beoordelingsinstrument*. De beoordeling resulteert in een punt of kwalificatie (voldoende-onvoldoende). De beoordelaar, bijvoorbeeld een docent, spreekt op basis van hetgeen je gepresteerd hebt een oordeel uit of je wel of niet in voldoende mate de beoogde competenties hebt verworven.
- Toetsing leidt ook tot *selectie*: studenten die de toets doorstaan, gaan door. Anderen, die zelfs na herkansing de toets der kritiek niet doorstaan, vallen af.
- Voor degenen die de eindstreep halen en dus de finaletoets hebben doorstaan, heeft de toetsing ook het karakter van *certificering*. Ze krijgen het officiële certificaat, het diploma, waarmee ze aan anderen kunnen laten zien, dat ze zich terecht als beginnend professional presenteren.

Ze hebben immers voor een gekwalificeerde groep mensen laten zien, dat ze over de vereiste competenties beschikken.

10.3 Wie beoordeelt?

In het traditionele onderwijs was het gebruikelijk, dat de docent de prestaties van de student beoordeelde. Hij keek de toets na en gaf een punt. In het studentgecentreerde onderwijs zien we een andere ontwikkeling. Buitenstaanders krijgen soms de indruk dat de beoordeling niet meer zo belangrijk is en dat de docenten het daarom uit handen gegeven hebben: ze laten het over aan de studenten om zichzelf en elkaar te beoordelen. In feite is precies het tegenovergestelde het geval. Het beoordelen van werk en prestaties is ontzettend belangrijk, daarom vinden we het belangrijk dat de studenten dat van begin af aan leren: *leren door te doen*. Dus ook bij de toetsing of assessment zijn de uitgangspunten van studentgecentreerd leren de leidraad.

het belang van toetsing

Een centraal element in studentgecentreerd leren is dat je kritisch naar je prestaties kijkt en je een oordeel vormt over de vraag: "Moet ik zo doorgaan of mijn manier van werken aanpassen of verbeteren? Welke vaardigheden of inzichten moet ik verder ontwikkelen?" Dit centrale element vloeit rechtstreeks voort uit het feit dat het leerproces van de student centraal staat en dat hij zelf verantwoordelijk is voor zijn ontwikkeling.

Studentgecentreerd leren is niet uitsluitend een individueel gebeuren, maar voor een belangrijk deel ook een samenwerkingsproces. Dat heeft veel te maken met je toekomstige beroep. Daar gaat het erom dat je actief deel uitmaakt van een 'lerende organisatie', dat je je niet alleen individueel ontwikkelt, maar dat je door je manier van samenwerken een actieve bijdrage levert aan de ontwikkeling van de anderen, van het team. Je bent in staat op effectieve wijze feedback te geven en te ontvangen en je kunt – indien nodig – anderen begeleiden of coachen.

Omdat deze competenties zo belangrijk zijn, krijgen ze ook tijdens de opleiding een plaats.

In de opleiding komen we de volgende vormen van assessment tegen.
- *Self-assessment*: de student beoordeelt zichzelf en zijn ontwikkeling. De docent geeft eventueel feedback op die beoordeling. Het belang hiervan is dat je als professional in staat moet zijn om eerlijk en zakelijk je eigen werk te beoordelen, zodat je ook verbeteringen kunt aanbrengen.
- *Peer-assessment*: de studenten beoordelen elkaar. Ook als professional zul je anderen, jongere collega's bijvoorbeeld, gaan begeleiden en feedback geven. Je leert op deze wijze reëel naar het werk van anderen te kijken en correct, op stimulerende wijze, feedback te geven. Ook leer je om vruchtbaar om te gaan met de feedback van je collega's.
- *Co-assessment*: studenten en docenten verduidelijken samen doelstellingen en andere onderdelen van het assessment. In de regel wordt het eindoordeel door de docent uitgesproken.

vormen van assessment

– *Docent-assessment*: de docent of docenten beoordelen en geven feedback, zoals je ook in je beroep beoordeeld wordt door anderen.

10.4 Vormen van toetsing

Afhankelijk van wat men wil toetsen, onderscheiden we verschillende toetsvormen. Sommige toetsvormen zijn erop gericht zicht te krijgen op de algehele ontwikkeling van *alle* competenties van een student.

Portfolio
Een voorbeeld van een vorm van toetsing of assessment, gericht op de algehele ontwikkeling van de student, is het *portfolio*. Een portfolio is eigenlijk een verzamelmap, waarin je laat zien hoever je gevorderd bent in de ontwikkeling van je competenties. Er kan dus van alles in zitten: werkstukken, reflectieverslagen; kortom alles wat je kan helpen om duidelijk te maken dat je relevante zaken hebt geleerd. Er bestaan verschillende soorten portfolio's, afhankelijk van het doel dat de opleiding ermee nastreeft. Een portfolio kan dienen voor begeleiding en voor beoordeling. Als in jouw opleiding met een portfolio wordt gewerkt, is het van groot belang dat je achterhaalt, wat precies de bedoeling van het portfolio is, wat in je portfolio moet komen, aan welke criteria het moet voldoen enzovoort.

Persoonlijk OntwikkelingsPlan
Het werken met een portfolio is vaak gecombineerd met een Persoonlijk OntwikkelingsPlan (POP), waarin je je persoonlijke leerdoelen stelt en laat zien hoe je daaraan gewerkt hebt.

Praktijktoetsen
Naast de toetsvormen, die erop gericht zijn de algehele ontwikkeling van de vereiste competenties te toetsen, zijn er ook nog allerlei toetsvormen die *specifieke* competenties onderzoeken. De praktijktoetsen zijn een belangrijke groep. Hiermee wil men nagaan – of je gaat dit zelf na – of je in staat bent in een praktijksituatie te laten zien dat je over de vereiste competenties beschikt. Het is dus niet zo dat in de zogenaamde praktijktoetsen alleen maar praktische vaardigheden worden getoetst.

> handelen met verstand van zaken

Als professional handel je met verstand van zaken; je handelt op basis van en geleid door je professionele inzichten. Dat laat je zien in de praktijk. Het kan dus heel goed zijn, dat men je in een praktijktoets vraagt je handelen te verantwoorden. Je laat niet alleen zien dat je het kunstje beheerst, maar men verwacht ook dat je je handelen kunt verantwoorden, dat je in staat bent uit te leggen, waarom je dit hier op deze wijze doet. In de praktijktoets wordt getoetst of het theoretische en het praktische element van je opleiding is geïntegreerd. In en door je handelen laat je zien dat je weet wat je doet en hoe je het moet doen en vervolgens laat je zien dat je je handelen kunt verantwoorden.

Simulaties als toetsinstrument

Het is een goed gebruik om studenten niet zonder enige voorbereiding op de praktijk los te laten. Om verschillende redenen is het logisch dat je eerst oefent in een 'veilige' omgeving: een *simulatie*.

Er bestaan verschillende soorten simulaties. Steeds meer wordt gewerkt met computersimulaties. Ook in het meer traditionele vaardighedenonderwijs zijn er verschillende vormen van simulaties; als studenten iets met of op elkaar oefenen is dat ook een simulatie. Het is belangrijk dat zo'n simulatie zo veel mogelijk lijkt op de situatie waar je als beroepspersoon mee wordt geconfronteerd. De realiteit wordt dichter benaderd wanneer je niet oefent met of op een studiegenoot, maar wanneer men personen van buiten de opleiding bij de oefening betrekt. In gezondheidszorgopleidingen bijvoorbeeld werkt men met mensen van buiten, die een speciale training hebben ontvangen en zodoende in staat zijn levensecht een rol van een bepaald soort patiënt te spelen. Zij fungeren dan als simulatiepatiënt. Dergelijke oefeningen stellen je in staat om jezelf te testen en goed voorbereid de confrontatie met de beroepswerkelijkheid aan te gaan, omdat je hebt uitgeprobeerd en uitgevonden wat je wel en wat je (nog) niet kunt.

simulatiepatiënt

Stage of praktijkbeoordeling

De directe confrontatie met de beroepswerkelijkheid vindt plaats tijdens je praktijkstage. Daar kun je – uiteraard onder begeleiding – oefenen en laten zien dat je dat weet te doen wat in die situatie van je gevraagd wordt. Aan het eind van je stage vindt de beoordeling plaats.

Zorg ervoor dat je aan het begin van je stage weet hoe de beoordeling plaatsvindt en wat er van je verwacht wordt, dan kun je een plan maken om daar aan te werken.

weet wat men verwacht

Vaak is het zo dat bij een stage een deel van de doelstellingen door de opleidingen zijn vastgelegd, maar dat je ook zelf specifieke doelen moet aangeven. Zorg ervoor dat je precies weet welke doelen de opleiding heeft gesteld. Maak een duidelijk plan hoe je tijdens de stage aan die doelen wilt werken. Geef aan wat je wilt doen en wanneer, in welke fase van de stage: aan het begin, na een week of na een paar weken. Hetzelfde geldt ook voor je persoonlijke leerdoelen (zie ook hfdst. 9).

Heel belangrijk is dat je duidelijke afspraken maakt voor tussentijdse besprekingen. Spreek af wanneer die plaatsvinden en wat er van je verwacht wordt. Moet je van tevoren op schrift laten zien wat je de afgelopen tijd hebt uitgevoerd? Of verwacht men na afloop een verslag van het begeleidingsgesprek?

Het is in ieder geval raadzaam om tijdens je stage een soort logboek bij te houden, waarin je de leerdoelen en de wijze waarop je aan de leerdoelen wilt werken beschrijft en vervolgens per dag een (kort) verslag maakt, waarin je aangeeft:
– wat je hebt gedaan
– aan welke leerdoelen je hebt gewerkt
– wat het resultaat van die dag is geweest: welke relevante ervaringen je hebt opgedaan

logboek

– wat je hebt geleerd, in positieve zin: wat ben je wijzer geworden?
– of in negatieve zin: wat liep niet goed en zul je zeker de volgende keer niet meer zo aanpakken?
– eventueel formuleer je conclusies voor de volgende dag of dagen.

Beschouw dit maken van een verslag als een (persoonlijke) evaluatie – self-assessment – die je elke stagedag doet. Evalueren is het meest belangrijke element in het leerproces, neem er elke dag even de tijd voor. Als je dit meteen digitaal doet, zal het tevens een uitstekend hulpmiddel zijn bij de voorbereiding van je tussentijdse stagebesprekingen en je (eind-)stageverslag.

Theorietoetsen
Een ander soort toetsen zijn de theorietoetsen. In deze toetsen wordt niet 'alleen maar' de theorie getoetst. Ook hier bestaat een duidelijk verband met de beroepspraktijk. Op zijn minst is de theorie een duidelijke voorbereiding op datgene wat je in de beroepswerkelijkheid kunt meemaken. De inhoud is – zo veel mogelijk – ontleend aan de beroepswerkelijkheid. Soms verwacht men, dat je ook zelf het verband met de beroepswerkelijkheid kunt aangeven of verder kunt uitwerken. In een studentgecentreerde vorm van onderwijs staan theorie en praktijk immers niet los van elkaar.

Er zijn verschillende soorten theorietoetsen. Schriftelijke opdrachten, waar je een beoordeling of punt voor krijgt, kun je ook beschouwen als een theorietoets. Hoe je daarmee om kunt gaan, heb ik beschreven in hoofdstuk 8.

bloktoets

Een andere vorm van theorietoetsen zijn de bloktoetsen of moduletoetsen (tentamens), die bestaan uit multiplechoice-vragen, waarbij je een keuze maakt uit meestal drie of vier mogelijkheden.
Voorbeeld:
De Dertigjarige oorlog vond plaats in:
a) de vijftiende eeuw
b) de zestiende eeuw
c) de zeventiende eeuw.
  Bij de beoordeling krijg je voor elk goed antwoord een punt.
  Bij een andere *gesloten* toetsvorm gaat het erom dat je aangeeft of een bepaalde stelling waar is of niet. Als je het niet weet vul je een vraagteken in.

Toetsvraag

De Dertigjarige oorlog vond plaats in de zestiende eeuw.

Achter deze vraag kruis je dan het desbetreffende vakje aan onder:
Goed – fout – weet niet.
Als je het juiste antwoord geeft, krijg je +1 punt
Als je een fout antwoord geeft, krijg je −1 punt

Als je een vraagteken invult, krijg je 0 punten.
Men heeft voor deze puntentelling gekozen om 'gokken' tegen te gaan. Men wil namelijk dat je echt iets weet of dat je weet dat je iets niet weet, en dat je dan ook niet zomaar gaat gokken. De redenering is dat je ook in het beroep zeker van jezelf moet zijn. Dat je weet wat je wel en wat je niet weet. Als je iets niet weet, is het beter dat te erkennen en even niet te handelen, maar eerst jezelf te informeren.
Voor de toets betekent het dat de score enorm kan variëren.
Bij 150 vragen is de maximale score +150, de minimale score is -150, al is er waarschijnlijk nog nooit iemand geweest, die dat bij een serieuze toets heeft gepresteerd: alle vragen fout beantwoorden.

Er zijn nogal wat studenten die problemen hebben met deze vorm van toetsen. Ze hebben soms het gevoel dat ze soms te veel weten of te diep nadenken of dat het niet mogelijk is te kiezen tussen een simpel 'goed' en 'fout'. Na enkele teleurstellingen op dit gebied begint een student steeds zenuwachtiger aan zo'n tentamen, met het gevolg dat het resultaat nog meer tegenvalt. Soms lijkt het erop dat je geen enkel positief effect ziet van al je inspanningen. Vandaar enkele tips waarmee je mogelijk deze vicieuze cirkel kunt doorbreken.

10.5 Een actieve benadering van de theorietoets

Bij een *actieve* benadering van de theorietoets ga je ervan uit, dat er meerdere mogelijkheden of *strategieën* zijn voor de aanpak van een theorietoets en dat het aan jou is om die benadering te kiezen, waar jij het beste resultaat mee behaalt. Je stelt je niet afwachtend op. De toets is geen natuurramp, die je om de zoveel tijd overvalt. Het is gewoon een onderdeel van je studie en jij bepaalt zelf je houding, net als bij alle andere onderdelen van het curriculum. Mocht je op moeilijkheden stuiten, dan geldt net zoals in elke andere situatie de gouden regel: onderken dat en neem geëigende maatregelen. Zoek hulp, bij medestudenten of docenten, of waar dan ook.

actieve benadering van de toets

Het volgende is weer een toepassing van de beginselen van actief studeren.

De voorbereiding van het tentamen
Veel van wat over de voorbereiding op het tentamen gezegd kan worden, vind je in hoofdstuk 7, paragraaf 7.2. Voor wat betreft de directe tentamenvoorbereiding, wil ik daar nog het volgende aan toevoegen.
Als je de hele procedure hebt afgewerkt zoals ik in paragraaf 7.2 heb geschetst, kun je als voorbereiding op dit soort tentamens het volgende doen:
– scan de literatuur, die voor het tentamen is opgegeven en let daarbij op belangrijke *definities* en *opsommingen*.
– geef daar speciale aandacht aan.

– zorg dat je ze ook in de juiste context of verband weet te plaatsen. Bijvoorbeeld: een definitie. Leer die niet zo maar letterlijk van buiten, maar vraag je af wat men precies duidelijk wil maken met deze definitie. Hoe werkt men in het vervolg van het betoog met deze definitie? Waar zet deze definitie zich tegen af?

Vraag je bij elk hoofdstuk of artikel af wat de kern is en met welke doelen je hebt gelezen. Zijn die doelen duidelijk en heb je een antwoord gevonden?

Tijdens het tentamen
Het lijkt voor de hand te liggen, dat je tijdens het tentamen een vraag leest en je onmiddellijk afvraagt wat het juiste antwoord is. Mijn advies is om dat niet te doen. Wat moet je dan wel doen?

Voor ik daar antwoord op geef, wil ik vertellen hoe ik tot dat antwoord ben gekomen.

Begeleiding van studenten met studieproblemen

Ik heb vrij lang studenten begeleid die problemen bij de studie hadden, vooral met de 'bloktoets'.

Wanneer deze studenten bij mij kwamen, dan zorgde ik ervoor dat ik een oud tentamen had en legde hen dat voor. Ik vroeg ze te doen alsof ze op het tentamen zaten, met dat verschil dat ze nu hardop moesten redeneren en hardop zeggen wat ze deden en hoe ze het deden.

Verreweg de meeste studenten lazen de vraag – hardop dus – en probeerden meteen het juiste antwoord te geven.

Wat viel me daarbij op?

Vaak gebeurde het dat studenten de vraag niet goed lazen! Ik zei dan: "Lees de vraag nog eens" en soms zei ik: "En nog eens ...". Als de student dan – eindelijk – de vraag op een goede manier las, dan kwam er een soort aha-erlebnis: "Oh vragen ze dat, ja dan weet ik het wel ...!"

Soms lazen de studenten precies wat er stond, maar hoorde ik aan de manier waarop ze het lazen, dat ze niet begrepen wat er stond. Ik vroeg hen dan om aan zichzelf uit te leggen wat ze gelezen hadden, wat precies de strekking was van de vraag of stelling. Dat was soms wat lastig, maar na een paar keer zoeken lukte dat meestal wel. Dan kreeg je weer hetzelfde verschijnsel als hierboven: "Oh, is dat de bedoeling, maar dan weet ik het wel ...!"

Hoe benader je tijdens het tentamen de toetsvragen?
– Eerst ga je de vraag zorgvuldig *lezen*. Vraag je af of je de vraag goed gelezen hebt. Controleer dat door je ogen nog eens over de tekst te laten gaan.
– Dan *vertel* je jezelf als het ware wat precies de bedoeling is. Soms is het voldoende om een woord verder te omschrijven of om een accent te verschuiven, zodat je zelf heel precies weet: dat is de bedoeling!

- Vraag je af in welke context, in welk verband de vraag thuishoort. Vandaaruit kun je mogelijk naar het juiste antwoord toe redeneren. Als men een definitie vraagt, dan concentreer je je niet alleen op de 'geïsoleerde' definitie, maar je vraagt je af wat men met deze definitie bedoelde. Hoe werkte de definitie door in de rest van het betoog?
- Pas dan vraag je je af wat het gevraagde antwoord is. Vaak blijkt dat het antwoord dan snel duidelijk wordt.

Wanneer was de Dertigjarige oorlog?

Voor veel studenten is de vraag: 'Wanneer was de Dertigjarige oorlog?' het meest stomme voorbeeld van feitjes leren of jaartallen stampen. Uiteraard kun je een hele serie feiten en de daarbijbehorende jaartallen van buiten knallen. De kans dat je het daarna weer vergeet is vrij groot. Maar erger is nog dat het in je hoofd twee gegevens zijn, waarvan je van buiten geleerd hebt, dat die bij elkaar horen, maar er zit geen enkel inzicht of geen enkele diepere kennis achter.
Vandaar de vraag naar de *context*. Je vraagt je bijvoorbeeld af:
- waar ging die Dertigjarige oorlog over?
- wie deden eraan mee?
- waar vond die plaats?

Het is van belang dat je dergelijke feiten plaatst in een groter verband, de context.
Die oorlog speelde zich af in Duitsland en had alles te maken met de tegenstellingen tussen katholieken en protestanten. Hieruit kun je concluderen dat die oorlog nooit in het begin van de zestiende eeuw geplaatst kan worden, want in die tijd valt het begin van Luthers optreden. Je kunt al bedenken, dat er een flinke tijd overheen moet gaan voordat de verschillende groepen zo sterk zijn geworden, dat dat kan leiden tot een langdurige (dertigjarige) oorlog.
De oorlog speelde zich weliswaar af in Duitsland, maar een hele serie landen was erbij betrokken. Zij vochten hun zaak grotendeels op Duitse bodem uit: Bohemen, Denemarken, Zweden, Frankrijk en de Habsburgers. Als je je dan vervolgens ook nog herinnert dat op de achtergrond de spanning bestond tussen Frankrijk en de Habsburgers. De Habsburgers streefden naar eenheid in hun rijk, zij dreigden de Fransen in de tang te nemen; ze werden de baas in de landen rondom Frankrijk.
Als je dan vervolgens weet dat deze oorlog werd afgesloten in de Vrede van Munster, waarin tevens werd bepaald dat de Republiek der Zeven Verenigde Nederlanden zelfstandig werd (het eind van de bekende Tachtigjarige oorlog dus!), dan is het duidelijk: de Dertigjarige oorlog viel in de eerste helft van de zeventiende eeuw!

Dit lijkt een heel lang verhaal: zeker voor iemand die geen geschiedenis studeert. Maar je moet er even van uitgaan, dat je zoiets doet met een vakgebied waar je vertrouwd mee bent. Bovendien zul je zien dat dit lange verhaal veel makkelijker te onthouden is dan de verbinding tussen 'simpel feitje' (Dertigjarige oorlog) en jaartal (1618-1648) en het bevat veel meer (historisch) inzicht.

Nog een ander voorbeeld.
Stel: je zit op een opleiding voor gezondheidszorg en de vraag gaat ogenschijnlijk over een detail uit de anatomie. Dan kun je bijvoorbeeld via de volgende vragen tot de juiste context komen.
– Over welk orgaan of orgaanstelsel hebben we het?
– Waartoe dient het orgaan?
– Hoe is het opgebouwd?
– Hoe functioneert het?
– Welke plaats neemt dat 'element' in?
– Waar gaat de vraag – in het geheel van het orgaan(stelsel) – over?
Zo reconstrueer je als het ware een steeds specifieker beeld, waarin je het detail waar de vraag over gaat een plaats kunt geven en waarin je kunt toe redeneren naar het juiste antwoord.

In feite breng je zo enkele belangrijke inzichten in het proces van kennisverwerving in praktijk. Je benadert de stof op een actieve wijze.
– Je vraagt je namelijk bewust af: wat staat er, begrijp ik dat wat er staat op de juiste manier?
– Je inventariseert je kennis door de concrete vraag in een bredere context te plaatsen.
– Je redeneert vanuit die context, vanuit dat wat je van het onderwerp weet, naar het antwoord op de vraag.
Uiteraard is het niet zo dat je met deze methodiek alleen maar hoge cijfers scoort, maar je bewandelt zo wel een weg waar het mes van twee kanten snijdt: je leert op een betere manier de stof en je leert om toe te redeneren naar een antwoord. Een en ander is niet alleen nuttig bij dit soort tentamens, maar in elke situatie waarin je jezelf of een ander jou iets vraagt en je een antwoord op een concrete vraag wilt weten. Je kunt niet altijd zeggen: "Dat zoek ik wel even op." Van een vakman mag men verwachten dat hij bepaalde zaken weet!

Na het tentamen

bekijk het resultaat

Als je de uitslag krijgt concentreer je dan niet alleen op het punt. Natuurlijk is het belangrijk te weten of je de toets gehaald hebt (of niet). Maar het is ook nuttig om het resultaat verder te bekijken. Wat had je goed en wat niet?

Waren de goede antwoorden toevalstreffers of was dat het resultaat van een duidelijke gerichte manier van studeren? Als dat laatste het geval is dan is dat een hint om in die richting door te gaan.

Waren de foute antwoorden gewoon 'vergissingen', achteraf 'stom', kon je dat niet weten of ...?

Probeer duidelijk te maken hoe het komt dat je bepaalde zaken niet wist (en andere studenten waarschijnlijk wel) en vraag je af (eventueel vraag je dat aan mensen die die vragen wel goed hadden), wat je een volgende keer anders moet doen om dat soort vragen wel goed te kunnen beantwoorden.

Grijp de kans als er gelegenheid is om met een docent over de tentamens te praten en vraag hem of haar niet alleen maar naar de goede antwoorden. Vraag vooral hoe je te werk moet gaan om die vragen een volgende keer ook goed te beantwoorden. Vertel eventueel kort wat je gedaan hebt, zodat je daar feedback op kunt krijgen. Bereid die bijeenkomst voor! Maak een lijst van wat je wilt vragen en wat je wilt vertellen.

Ook hier geldt weer: neem initiatief. Een onvoldoende voor een toets hoeft geen ramp te zijn. Belangrijker is dat je ook die situatie weet te 'managen' en dat je je zelfvertrouwen niet laat aantasten. Realiseer je dat het een vanzelfsprekend onderdeel van het leerproces is dat je gericht feedback vraagt, wanneer je dat kunt krijgen.

Het geheel van toetsing in een studentgecentreerd onderwijssysteem heeft meerdere doelen. Het dient om je te controleren, maar ook om je te stimuleren en te motiveren, zodat je zicht krijgt op wat je kunt en hoe je jezelf kunt verbeteren. Het is niet alleen maar een instrument in handen van anderen, docenten, maar ook een middel om zelf zicht te krijgen op jouw eigen ontwikkeling en stelt je in staat na te gaan in welke mate je je doelen bereikt hebt.

doel van toetsing

Tot slot

Als ik dit boekje in een paar woorden samenvat dan komt dat op het volgende neer.
- Stel je actief en betrokken op. Zeg wat je te zeggen hebt.
- Als je niets weet te zeggen, zeg dat dan en ga – eventueel met anderen – na waarom je in een bepaalde situatie niets weet te zeggen.
- Probeer – samen met je medestudenten – moeilijkheden te identificeren en op te lossen.
- Als je er niet in slaagt om problemen op te lossen, zoek dan hulp bij de instanties die daarvoor zijn bestemd: de decaan, een mentor of een andere docent, in wie je vertrouwen hebt.
- En ... gebruik ook na de eerste weken dit boekje. Als je vindt dat iets niet loopt zoals je wenst, kijk dan even of je hier een tip vindt waardoor je op een ander, beter spoor gezet wordt. Lukt dat niet op eigen kracht, vraag dan anderen.

Ik wens je een succesvolle en goede studietijd.

Literatuur

Boot, C., Tillema, H. (2001). *Competentiegericht beoordelen in hoger beroepsonderwijs.* Utrecht: Lemma.

Dochy, F., Heylen, L., van der Mosselaar, H. (red.) (2002). *Assessment in onderwijs, Nieuwe toetsvormen en examinering in studentgericht onderwijs en competentiegericht onderwijs.* Utrecht: Lemma.

Dochy, F., Segers, M., Gijbels, D., van den Bossche, P. (2002). *Studentgericht onderwijs & probleemgestuurd onderwijs, Betekenis, achtergronden en effecten.* Utrecht: Lemma.

Heijne, R.A.M. (2000a). *Handleiding voor de tutor in probleemgestuurd onderwijs.* Houten/Diegem: Bohn Stafleu Van Loghum.

Heijne, R.A.M. (2000b). *Het proces van probleemgestuurd leren. Een handleiding bij de 7-sprong.* Houten/Diegem: Bohn Stafleu Van Loghum.

Heijne, R.A.M. (2005). *De begeleiding van studenten met studieproblemen.* Houten/Diegem: Bohn Stafleu Van Loghum.

Sikkes, R. (1998). 'Kruistocht tegen het traditionele tentamen, Laat studenten elkaar beoordelen'. In *Utrechts Universiteitsblad*, 9 april 1998. Utrecht: Universiteit van Utrecht.

Streek, J. v.d. (1997). IJverig, behoedzaam en vastberaden, Leerstijl zet vrouwelijke studenten op voorsprong. *HBO-journaal*, december 1997-januari 1998, 22.24.

Over de auteur

RIEN HEIJNE studeerde theologie en filosofie aan de universiteiten van Nijmegen en Marburg (Duitsland). Van 1975 tot 1981 was hij docent filosofie bij de medische faculteit van de Katholieke Universiteit Nijmegen. Hij was daar betrokken bij de ontwikkeling van een programma van studievaardigheden. Tegelijkertijd verzorgde hij onderwijs aan diverse opleidingen voor maatschappelijk werk en sociale dienstverlening, waar hij ook veel aandacht besteedde aan de ontwikkeling van het zelfstandig werken van de studenten. In 1981 werd hij benoemd tot docent aan de Gezondheidszorg Akademie, thans opgegaan in de Hogeschool Zuyd. Vanaf de invoering van een probleemgestuurd curriculum in 1992 bij de Faculteit Gezondheidszorg van de Hogeschool Zuyd houdt hij zich intensief bezig met het Probleemgestuurd Onderwijs (pgo). Vooral de concretisering en operationalisering voor studenten en docenten in het hoger beroepsonderwijs heeft zijn aandacht. Heijne geeft lezingen op diverse congressen en verzorgt trainingen en voorlichtingsbijeenkomsten op het gebied van pgo in binnen- en buitenland.

GPSR Compliance
The European Union's (EU) General Product Safety Regulation (GPSR) is a set of rules that requires consumer products to be safe and our obligations to ensure this.

If you have any concerns about our products, you can contact us on

ProductSafety@springernature.com

In case Publisher is established outside the EU, the EU authorized representative is:

Springer Nature Customer Service Center GmbH
Europaplatz 3
69115 Heidelberg, Germany